E X L O I K N

Sachlexikon 3/4

Jennifer Bunk und Hans-Dieter Bunk

Ernst Klett Verlag
Stuttgart • Leipzig

Zum **Gebrauch** des Lexikons

Keiner weiß alles. Keiner kann alles wissen. Es gibt viele Wege, etwas Neues zu erfahren. Du kannst mit anderen Leuten sprechen, etwas beobachten, fernsehen oder im Internet nachlesen. Du kannst auch dieses Lexikon befragen.

1 Die Wörter sind im Lexikon nach dem Abc geordnet. Deshalb stehen der Elch und der Elefant auf einer Seite, obwohl sie nichts miteinander zu tun haben.

2 Zu vielen Wörtern gibt es keinen eigenen Text. Sie werden aber in anderen Texten genannt. Hier hilft beim Suchen das Register der Seiten 4–7. Dort findest du beim Wort Flechte einen Hinweis auf die Seite 40. Im Text zum Elch wird erklärt, wo eine Flechte wächst.

3 Die meisten Seiten sind in zwei Spalten aufgeteilt. In der linken Spalte steht der Text zum Stichwort. In der rechten Spalte findest du oft Zeichnungen und Fotos zum Thema.

In den Texten findest du manchmal Abkürzungen:

- z. B. = zum Beispiel
- d. h. = das heißt
- z. T. = zum Teil
- evtl. = eventuell
- bzw. = beziehungsweise
- u. a. = unter anderem
- n. Chr. = nach Christus

E

der **Elch**

Der Elch ist der größte Hirsch. Er lebt im kalten Norden von Europa, Asien und Amerika, wo es Wälder, Sümpfe und Seen gibt.

Er kann gut schwimmen und ist im Wasser vor Mücken geschützt. Elche ernähren sich von Rinde, Seerosen, Zweigen, Gräsern und Flechten, die im Winter und sogar auf Felsen wachsen. Elche haben ein sehr dichtes Fell, das sie gut vor der Kälte und dem Schnee schützt. Sie können sehr gut riechen. Dadurch können sie Nahrung erriechen, aber auch ihre Feinden wie Bären und Wölfe und dann fliehen.

→ Amerika: Nordamerika, → Asien, → Europa, → Wald

Nur männliche Elche haben ein Geweih, das bis zu 2 m breit sein kann. Die größten Elche werden 3 m hoch und fast 900 kg schwer.

der **Elefant**

Elefanten sind die größten landlebenden Tiere. Sie leben in der Savanne oder im Regenwald.

Die afrikanischen Elefanten werden noch größer als die asiatischen Elefanten. Auch haben sie viel größere Ohren, mit denen sie sich Luft zuwedeln. Elefanten haben einen langen Rüssel. Mit ihm können sie 10 l Wasser auf einmal aufsaugen, um es sich ins Maul zu spritzen. Sie baden gerne, um sich abzukühlen. Dabei nutzen sie ihren Rüssel als Schnorchel. Mit dem Rüssel pflücken sie Nahrung ab. Diese besteht aus Zweigen, Früchten, Blättern und Gräsern. Mit ihren Stoßzähnen entrinden Elefanten Bäume oder sie setzen sie als Waffen ein. Sie haben nur wenige Feinde, dennoch können Löwen oder Tiger ihre Jungtiere reißen. Elefanten leben in Herden zusammen, die von Weibchen angeführt werden. Die Jungtiere werden gesäugt.

→ Afrika, → Asien, → Dschungel, → Savanne

?! **WUSSTEST DU DAS?**

Afrikanische Elefanten können 5000 kg schwer und bis zu 4 m groß werden. Der Schwanz ist 1 m lang.

Das Kalb wiegt bei der Geburt etwa 100 kg. Es ist fast 2 Jahre lang im Bauch der Mutter.

Elefanten sind bis zu 17 Stunden am Tag mit Fressen beschäftigt. Sie brauchen bis zu 200 kg Pflanzen, dazu über 100 l Wasser.

40

Wenn dich beim Thema Elektrizität noch etwas interessiert, findest du am Ende des Lexikontextes einige Hinweise auf weitere Informationen.

4

E

die Elektrizität

Heute ist Elektrizität aus unserem Leben nicht mehr fortzudenken. Erst wenn der Strom mal ausfällt, wird uns bewusst, wie viele elektrische Geräte wir benutzen. Das Zimmer bleibt dunkel, der Fernseher auch, die Kaffeemaschine läuft nicht, die Kartoffeln kochen nicht, das Duschwasser wird nicht warm, die Türklingel klingelt nicht, Radio und CD-Player spielen nicht und Papa bleibt unrasiert.

Bei der ersten Elektrizitätsausstellung 1881 in Paris war das noch ganz anders: Nichts war alltäglich und selbstverständlich. Elektrizität war neu und eine Sensation. Es wurden die ersten Glühlampen von Thomas Alva Edison ausgestellt, elektrische Arbeitsmaschinen, Straßenbahnen und Telegrafen (das waren Vorläufer heutiger Faxgeräte). Rasch entwickelten sich viele Anwendungen in den Fabriken: Elektromotoren lösten nach und nach die riesigen, qualmenden und lärmenden Dampfmaschinen ab. Es wurden für den Handwerker Bohrmaschinen, Sägen und viele andere Werkzeuge entwickelt. Viele Geräte von Krankenhäusern und Ärzten zur Feststellung und Heilung von Krankheiten brauchen Strom.

Auch in die Haushalte zog die Elektrizität ein. Sie entlastete die Menschen von vielen schweren und zeitraubenden Tätigkeiten.
Bald gab es elektrische Staubsauger, Bügeleisen, Mixer, Waschmaschinen, Herde.

Die meisten Kommunikationsmedien, die wir heute haben, brauchen Strom: Radios, Fernsehgeräte, Computer, CD-Player, Telefon und Internet.

→ Dampfmaschine, → Energie, → Glühlampe, → Industrie, → Kraftwerk

Werner von Siemens

Die Firma Siemens ist heute in der ganzen Welt tätig. Sie wurde vor etwa 150 Jahren von Werner von Siemens in Berlin gegründet. Er hat sein ganzes Leben lang Probleme der Elektrotechnik bearbeitet und entsprechende Produkte hergestellt. Er ließ z. B. die erste elektrische Straßenbeleuchtung in Deutschland bauen, stellte den ersten elektrischen Aufzug her und die erste elektrische Lokomotive.

VERSUCH

Baue mit Batterien diese zwei Schaltungen. Vergleiche.

Überlege, wie die Lampen in einer Wohnung geschaltet sind.

41

5

Im Sachlexikon kommen fünf besondere Kästen vor. Ihr Inhalt wird dich sicher interessieren. Sie wollen dich auch anregen, selbst weiter zu forschen.

?!

Der Kasten „WUSSTEST DU DAS?" informiert dich kurz und knapp über Tatsachen, die nicht jeder weiß.

Der Kasten „LEBENSLAUF" stellt dir Personen vor, die etwas Besonderes getan, erfunden oder entdeckt haben.

Der Kasten „REKORDE" enthält Informationen zu bemerkenswerten Leistungen oder Erscheinungen.

Der Kasten „VERSUCH" lädt dich ein, selbst etwas zu erforschen. Es sind Versuche, die keine besonderen Gegenstände benötigen und auch nicht gefährlich sind.

Der Kasten „LERNMETHODEN" zeigt dir, auf welche Weise du lernen kannst.

A

der **Abfall**
das **Abgas** → S. 20
das **Abwasser**
die **Adoption**
der **Affe**
Afrika
Aids
Ägypten → S. 10, 22, 42, 65, 75, 84, 85
die **Amphibien**
Amerika:
Nordamerika
Südamerika
die **Antarktis**
der **Äquator**
die **Arbeit**
die **Arktis**
der **Arzt**
Asien
die **Atmung**
die **Atmosphäre** → S. 91
der **Auftrieb** → S. 53
Australien
das **Auto**

B

der **Baum**
der **Ballaststoff** → S. 45
der **Barock** → S. 22
der **Baustil**
das **Beerenobst** → S. 105
der **Bergbau**
der **Beruf**
die **Biene**
die **Biologie**
das **Biotop**
die **Blüte** → S. 24, 54, 129
der **Blutkreislauf** → S. 95
der **Bodenschatz** → S. 23
die **Brücke**
die **Bundesländer**

C

die **Chemie**
das **Chlorophyll** → S. 108
das **Cluster**
der **Computer**
der **Container**

D

die **Dampfmaschine**
der **Deich**
die **Demokratie**
Deutschland
die **Diktatur** → S. 31
die **Diskussion**
das **Doping**
das **Dorf**
die **Droge**
der **Dschungel**

E

die **Ebbe und Flut**
das **Ehrenamt**
das **Ei**
das **Eis**
die **Eisenbahn**
das **Eiweiß** → S. 45
der **Elch**
der **Elefant**
die **Elektrizität**
der **Embryo** → S. 131
die **Energie**
der **Entdecker**
die **Erde**
das **Erdgas** → S. 44
das **Erdöl**
die **Ernährung**
Europa
die **Europäische Union** → S. 46
die **Evolution**
das **Experiment**

F

das **Fahrrad**
die **Feder**
das **Feedback**
das **Fett** → S. 45
das **Feuer**
die **Feuerwehr**
der **Film**
der **Fisch**
die **Flagge**

die **Flechte** → S. 40, 148
die **Fledermaus** → S. 66, 124
das **Flugzeug**
die **Fortpflanzung**
die **Freiheit**
die **Freizeit**

G

das **Gas**
das **Gebirge**
das **Geld**
das **Gemüse**
die **Geografie**
die **Germanen**
die **Gerste** → S. 61
die **Geschichte**
das **Gestein** → S. 14, 43, 79, 96, 148, 155
das **Getreide**
die **Gezeiten** → S. 37
die **Giraffe**
der **Gletscher**
der **Globus**
die **Glühlampe**
die **Gotik** → S. 22

H

der **Hafen**
der **Hafer** → S. 61
das **Handy**
das **Haustier**
der **Hebel**
das **Heimtier** → S. 65
das **Herz** → S. 95, 129
der **Hochofen** → S. 140
die **Höhle**
das **Hügelgrab** → S. 142
das **Huhn**
der **Hund**

I

der **Indianer**
die **Industrie**
das **Insekt**
das **Instrument**
das **Internet**
das **Interview**
der **Inuit**

J

das **Jahr**
das **Judo**

K

der **Käfer**
der **Kanal**
das **Känguru**
die **Kartoffel**
die **Katze**
das **Kernobst** → S. 105
die **Kläranlage**
das **Klima**
der **Knochen** → S. 95
die **Kohle**
die **Kohlenhydrate** → S. 45, 61
der **Komponist**
der **Kompromiss** → S. 80
der **Konflikt**
der **Konsum**
der **Kontinent**
das **Kraftwerk**
die **Krankheit** → S. 11, 16
die **Kräuter**
die **Kultur**
die **Kunst**

L

das **Labyrinth**
die **Landkarte**
der **Landkreis** → S. 35
die **Landwirtschaft**
die **Larve**
der **Laser**
das **Lernen**
die **Libelle**
das **Licht**
der **Löwe**
die **Luft**
der **Luftdruck** → S. 53
die **Lunge** → S. 18, 95, 120

M

das **Märchen**
der **Mais** → S. 61
die **Maschine**

die **Medien**
das **Medikament**
der **Mensch**
der **Menschenaffe** → S. 9
die **Menschenrechte**
das **Metall**
die **Metamorphose** → S. 11, 74, 129
das **Mineral**
der **Minister**
das **Mittelalter**
die **Mode**
die **Monarchie** → S. 31
das **Moor**
der **Müll**
die **Muschel**
das **Museum**
die **Musik**

N

der **Nachtfalter** → S. 129
das **Nagetier**
der **Naturschutz**
der **Neandertaler** → S. 94, 143
der **Nektar** → S. 24, 129
der **Nordpol** → S. 16, 79

O

das **Obst**
die **Ökologie**
das **Orchester**
das **Organ** → S. 95
der **Orient**
der **Orkan** → S. 169
der **Ozean** → S. 13, 17

P

das **Papier**
das **Pferd**
die **Pflanze**
die **Physik**
der **Pilz**
der **Planet** → S. 43, 134
die **Politik**
die **Polarnacht** → S. 16
das **Portfolio**
das **Präsentieren**
die **Produktion**
die **Pubertät**
die **Pyramide**

Q

das **Quartett**
die **Quelle**

R

die **Rakete**
das **Raubtier**
die **Raumfahrt**
die **Recherche**
das **Recycling**
der **Regenwald**
die **Religion**
das **Reptil**
der **Rhein**
der **Roboter**
der **Roggen** → S. 61
das **Rokoko** → S. 22
die **Romanik** → S. 22, 149
die **Römer**

S

der **Sauerstoff** → S. 21, 43, 50, 56, 78, 91
das **Säugetier**
der **Saurier**
die **Savanne**
das **Schalenobst** → S. 105
der **Schall**
der **Schatten**
das **Schiff**
der **Schimpanse** → S. 9, 124
das **Schloss**
der **Schmetterling**
die **Schnecke**
die **Schule**
die **Schwangerschaft**
die **Sexualität**
die **Sinne**
das **Skelett** → S. 95
das **Sonnensystem**
der **Spiegel**
das **Spiel**
die **Spinne**

der **Sport**
die **Spur**
die **Stadt**
der **Stahl**
der **Stausee**
das **Steinobst** →S. 105
die **Steinzeit**
der **Strom** →S. 30, 41, 82, 161
die **Südfrüchte** →S. 105
der **Südpol** →S. 14, 79

T

der **Tagfalter** →S. 129
die **Tarnung**
die **Technik**
die **Temperatur**
das **Terminal** →S. 53
das **Theater**
das **Tier**
der **Tiger**
die **Toleranz**
der **Tornado** →S. 169
der **Tower** →S. 53
die **Tragfläche** →S. 53
die **Tropen** →S. 15
die **Tropfsteinhöhle** →S. 66
die **Tundra**
der **Tunnel**
der **Turm**

U

der **Umweltschutz**
der **Ureinwohner** →S. 12, 19

V

das **Vakuum**
der **Vegetarier**
die **Verdauung** →S. 95
der **Verkehr**
die **Vitamine** →S. 45, 57, 61
der **Vogel**
der **Vorname**
der **Vortrag**
der **Vortrieb** →S. 53
der **Vulkan**

W

die **Waage**
die **Wahl**
der **Wal**
der **Wald**
das **Wappen**
die **Wärme**
das **Wasser**
das **Watt**
das **Weben**
das **Weichtier** →S. 102, 130
der **Weizen** →S. 61
das **Weltwunder**
die **Werbung**
die **Werft** →S. 64
das **Werkzeug**
das **Wetter**
die **Wikinger**
das **Wildtier**
der **Wind**
der **Winterschlaf**
die **Wüste**

X

Xanten

Y

der **Yak**
Yoga

Z

der **Zahn**
das **Zahnrad**
die **Zeche** →S. 23
die **Zecke**
die **Zeit**
der **Zucker**

A

der Abfall

Abfall entsteht in jedem Haushalt und in jedem Betrieb. Er ist zu einem Problem geworden, weil es zu viel davon gibt.

Aber Abfall ist nicht gleich Abfall. Einige Abfälle können recycelt werden. Dadurch werden Rohstoffe gespart. Dazu müssen die Abfälle erst sortiert und getrennt werden. Deshalb gibt es Container für Altpapier, Altkleider, Glas, Metalle, Biostoffe und Restmüll. Einige Dinge gehören allerdings in den Sondermüll: Elektrogeräte, Farben oder Medikamente. Hausmüll wurde früher auf Deponien entsorgt, heute wird er meist in Müllverbrennungsanlagen verbrannt.

Die beste Lösung des Abfallproblems besteht darin, Abfälle zu vermeiden, z. B. durch Nutzen von Stofftaschen, Pfandflaschen und Umweltschutzpapier und Vermeiden von Plastiktüten, Plastikgeschirr, Getränkedosen.

→ *Müll*, → *Recycling*

?! **WUSSTEST DU DAS?**

Vor ungefähr 120 Jahren begann man in großen Städten mit der gezielten Entsorgung von Abfällen.

Die erste Müllverbrennungsanlage wurde 1896 in Hamburg gebaut.

das Abwasser

Jeder Mensch verbraucht bei uns etwa 140 l Wasser am Tag. Dabei wird es verschmutzt. Es muss dann wieder gereinigt werden.

Ungereinigt gefährdet das verschmutzte Wasser unser Trinkwasser, die Pflanzen und Tiere. Abwasser entsteht auch in der Landwirtschaft und in den Industriebetrieben. Es enthält manchmal Krankheitskeime und andere Schadstoffe. Reinigungs- und Waschmittelreste, Medikamente, Farbe, Fette und viele feste Stoffe müssen in Kläranlagen mühsam und teuer aus dem Abwasser entfernt werden.

→ *Industrie*, → *Kläranlage*, → *Landwirtschaft*, → *Wasser*

Der Weg des Abwassers

die **Adoption**

Bei einer Adoption bekommt ein Kind neue Eltern. Eine Adoption kann nötig sein, wenn die eigenen Eltern gestorben sind oder sie sich nicht um das Kind kümmern können.

Andere Ehepaare können keine eigenen Kinder bekommen und entschließen sich, ein Kind zu adoptieren. Vor Gericht wird ein Vertrag geschlossen und das Kind erhält den gleichen Familiennamen wie seine neuen Eltern und dieselben Rechte wie die eigenen Kinder.

→ *Vorname*

Bevor ein Kind adoptiert werden darf, wird die neue Familie vom Jugendamt besucht und es wird geprüft, ob es dem Kind auch gut gehen wird.

der **Affe**

Affen sind Säugetiere und leben in warmen Gebieten in Asien, Afrika und Südamerika. Es gibt etwa 400 Affenarten. Die größten Affen sind die Schimpansen, Orang-Utans und Gorillas. Sie gehören zu den Menschenaffen.

Die meisten Affenarten leben vorwiegend in den Baumwipfeln. So weit oben sind sie vor Feinden gut geschützt. Dort finden sie mit Früchten, Blättern und Insekten ihre Nahrung. Manche Affenarten bauen in den Baumwipfeln ein Nest, in dem sie schlafen. Affen klettern und hangeln sehr geschickt in den Bäumen. Sie können mit ihren Händen mit dem beweglichen Daumen und ihren Füßen gut greifen. Affen, die einen langen Schwanz haben, nutzen diesen als zusätzliche Kletterhilfe. Am Boden laufen Affen auf allen vieren. Sie setzen sich jedoch auf ihre Hinterbeine, wenn sie etwas in den Händen halten. Einige Affen benutzen kleine Stöckchen als Werkzeug, um nach Insekten zu suchen.

→ *Afrika*, → *Amerika: Südamerika*, → *Asien*, → *Baum*, → *Europa*, → *Insekt*, → *Regenwald*

Schimpansen leben in Afrika in Herden zusammen. Sie sind lernfähig und besonders intelligent. Sie nutzen einfache Werkzeuge.

Afrika

Afrika ist der zweitgrößte Kontinent der Erde. Er hat ganz verschiedene Landschaften. Im Norden nimmt die Wüste etwa ein Drittel des Kontinents ein. In der Mitte liegt ein großes Regenwaldgebiet. Ringsherum ist die Savanne, ein Grasland.

Der Norden Afrikas grenzt an das Mittelmeer. Er ist schon vor 2000 Jahren von Griechen und Römern besucht und erforscht worden. Zu dieser Zeit war **Ägypten** ein mächtiges Reich.
Heute ist Afrika der ärmste Kontinent. Jahrhundertelang wurden die Bodenschätze von Europäern ausgebeutet. Viele Ureinwohner leben in ihrer alten Tradition und sprechen hunderte verschiedener Stammessprachen.
Der Süden Afrikas war den Europäern lange völlig unbekannt. Erst vor etwa 150 Jahren sind dort die Steppen, Savannen und Urwälder entdeckt und erforscht worden.

→ *Erde*, → *Regenwald*, → *Wüste*

REKORDE

Der Nil ist der längste Fluss Afrikas. Er ist 6671 km lang.

Der Kilimandscharo ist der höchste Berg Afrikas. Er ist 5895 m hoch.

Der Victoria-See ist Afrikas größter See. Er ist größer als die Schweiz.

Madagaskar ist die größte Insel Afrikas. Sie ist größer als England.

Die Sahara ist Afrikas größte Wüste. Sie erstreckt sich fast über den ganzen Norden Afrikas.

Kairo, die Hauptstadt Ägyptens, ist Afrikas größte Stadt. Hier leben 17 Millionen Menschen.

Die größten Länder

In Afrika leben über 800 Millionen Menschen. Die Länder mit den meisten Einwohnern heißen:

Nigeria

126 Millionen Einwohner, Hauptstadt: Abudja

Ägypten

70 Millionen Einwohner, Hauptstadt: Kairo

Äthiopien

65 Millionen Einwohner, Hauptstadt: Addis Abeba

Aids

Ein Mensch hat in der Regel Abwehrzellen im Körper, die Krankheitserreger bekämpfen. Dadurch ist der Mensch gegen viele Krankheiten immun, also geschützt.

Wenn jemand an Aids erkrankt, werden die Abwehrzellen im Körper zerstört. Dann reichen die Abwehrzellen nicht mehr, um **Krankheiten** wie Schnupfen zu bekämpfen. Der Mensch wird so schwach, dass er daran sterben kann. Mit einem Test kann man feststellen, dass ein Mensch Aidsviren hat. Man sagt dann, dass er HIV-positiv ist. Noch gibt es keine Medizin, die Aidsviren vollständig besiegt.
Aids wird nur durch Körperflüssigkeiten übertragen, meist durch Blut oder beim Geschlechtsverkehr. Durch bloßes Berühren von Aids-Kranken kann niemand angesteckt werden.

→ *Arzt*, → *Medikament*, → *Mensch*

Die Aids-Schleife

Die rote Schleife soll zeigen, dass der Träger Verständnis für Aids-Kranke hat und ihnen helfen will. Der Kampf gegen Aids ist eine Aufgabe für die ganze Welt. Zur Erinnerung gibt es einen internationalen Welt-Aids-Tag, den 1. Dezember.

die Amphibien

Frösche, Salamander, Molche und Kröten sind Amphibien. Der Name „Amphibien“ kommt aus dem Griechischen und bedeutet „doppellebig“. Die Tiere können im Wasser und an Land leben.

Die meisten Amphibien legen Eier ins Wasser, aus denen Larven schlüpfen. Diese atmen im Wasser zunächst mit Kiemen. Erst später entwickeln sich die Kiemen zurück. Eine Lunge entsteht, mit der an Land Luft eingeatmet wird. Diese Verwandlung nennt man **Metamorphose**. Amphibien haben eine schleimige Haut, die immer feucht sein muss. Amphibien haben die Körpertemperatur ihrer Umgebung. Daher nennt man sie wechselwarm.

→ *Insekt*, → *Larve*

?! **WUSSTEST DU DAS?**

Das Weibchen des Feuersalamanders legt am Uferrand lebende Larven ab. Die Larven haben zuerst noch Kiemen. Nach und nach werden die Beine größer. Der Schwanz wird kleiner und schlanker. Die Kiemen bilden sich zurück und die Lunge entwickelt sich. Nach etwa 3–6 Monaten ist die Metamorphose abgeschlossen.

Amerika: Nordamerika

Nordamerika grenzt an das Nordpolarmeer, den Atlantik, den Pazifik und im Süden an Mexiko. An der ganzen Westküste zieht sich ein Gebirge entlang, die Rocky Mountains.

Nach der Entdeckung Amerikas durch Columbus haben europäische Einwanderer das Land besiedelt. Viele kamen aus England und Irland. Deshalb wird heute in den USA Englisch gesprochen. Die Einwanderer trafen auf **Ureinwohner**, die sie Indianer nannten. Diese sind vor 20 000 Jahren aus Asien gekommen. Damals grenzten die Kontinente Asien und Amerika im Norden fast aneinander. Die europäischen Einwanderer hielten sich anfangs afrikanische Sklaven als Helfer. Viele Menschen mit dunkler Hautfarbe in den USA sind ihre Nachfahren.

→ *Gebirge*, → *Indianer*, → *Amerika: Südamerika*

REKORDE

Die größten Städte Nordamerikas sind New York mit 17 Millionen Einwohnern, Los Angeles mit 14 Millionen und Chicago mit 8 Millionen.

Der höchste Berg Nordamerikas ist der Mount Mc Kinley mit 6193 m. Er liegt ganz im Norden, in Alaska.

Nordamerikas größter Fluss, der Mississippi, ist 6021 km lang.

Von den Indianern, den amerikanischen Ureinwohnern, leben nur noch 1,5 Millionen Menschen.

Die größten Länder

In Nordamerika gibt es nur zwei Staaten:

USA
(Vereinigte Staaten von Amerika)

ca. 300 Millionen Einwohner,
Hauptstadt: Washington

Kanada

31 Millionen Einwohner,
Hauptstadt: Ottawa

Amerika: Südamerika

Südamerika liegt zwischen dem Atlantik und dem Pazifischen Ozean. Es reicht vom Äquator im Norden bis fast zur Antarktis im Süden. Im Westen ziehen sich die Anden, ein 8000 km langes Gebirge, durch ganz Südamerika.

Um den etwa 6000 km langen Amazonas liegt das größte Regenwaldgebiet der Welt. Im Grasland von Argentinien weiden Millionen von Rindern und Schafen. In Brasiliens Hochland wird mehr Kaffee geerntet als irgendwo anders.

In Südamerika wird weitgehend Spanisch oder Portugiesisch gesprochen. Nach der Entdeckung durch Columbus haben nämlich spanische oder portugiesische Heere den Kontinent erobert. Dabei ließen Millionen Indianer der Urbevölkerung ihr Leben.

→ *Antarktis,* → *Indianer,* → *Regenwald*

REKORDE

Die größten Städte Südamerikas sind Sao Paulo (19 Millionen Einw.) und Rio de Janeiro (10 Millionen Einw.) in Brasilien.

Der höchste Berg Südamerikas ist der Aconcagua mit fast 6958 m. Er liegt in den Anden.

Der höchste Wasserfall der Welt liegt in Venezuela. Er heißt Angel Falls und ist 979 m hoch.

Brasilien hatte immer hervorragende Fußballspieler. Kein Land hat öfter die Fußball-Weltmeisterschaft gewonnen.

Die größten Länder

In Südamerika leben etwa 350 Millionen Menschen. Die Länder mit den meisten Einwohnern heißen:

Brasilien

175 Millionen Einwohner,
Hauptstadt: Brasilia

Kolumbien

40 Millionen Einwohner,
Hauptstadt: Bogota

Argentinien

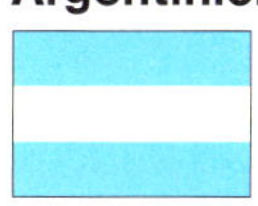

37 Millionen Einwohner,
Hauptstadt: Buenos Aires

A

die **Antarktis**

Seit einigen Jahren zählt man auch die Antarktis zu den Erdteilen. Sie ist zwar fast überall mit 2000 bis 4000 m Eis bedeckt. Aber darunter ist Land oder Gestein wie bei anderen Kontinenten.

In der Antarktis leben keine Einwohner, nur einige Tausend Wissenschaftler in Forschungsstationen. Das ist kein Wunder, denn das Klima in der Antarktis ist wirklich nicht angenehm. Im Antarktis-Sommer, also wenn bei uns Winter ist, liegt die Temperatur an der Küste um null Grad. Dann scheint Tag und Nacht die Sonne. Dafür ist es im Antarktis-Winter sechs Monate lang finster. Die Temperatur liegt meist bei −50 °C. Die tiefste gemessene Temperatur lag bei −89 °C.

→ *Kontinent*, → *Temperatur*, → *Wüste*

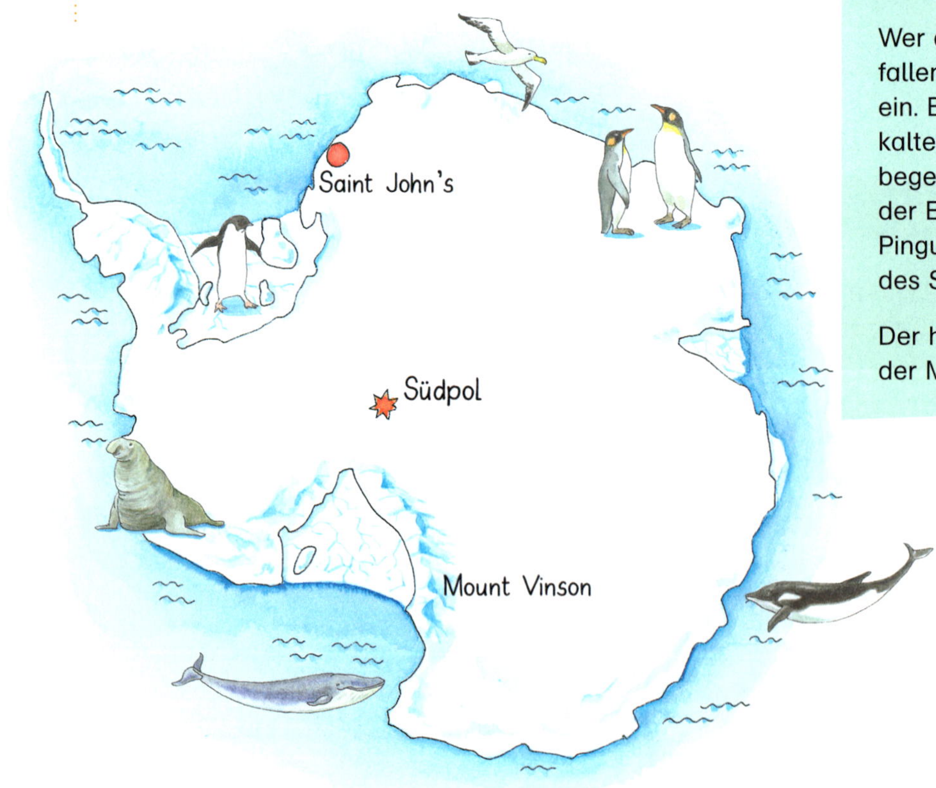

?!

WUSSTEST DU DAS?

In der Antarktis regnet es kaum. Manchmal schneit es. Im ganzen Jahr fällt nur so viel Niederschlag wie bei uns an einem Regentag. Man spricht deshalb auch von einer Eiswüste.

Den Südpol erreichte 1911 als Erster der Norweger Roald Amundsen. Er hat mit Hundeschlitten die Antarktis durchquert.

Man vermutet unter der Antarktis große Vorkommen an Erdöl, Erdgas und anderen Bodenschätzen. Aber es gibt einen Beschluss von etwa 50 Ländern, dass die Antarktis niemandem gehört. In den nächsten 50 Jahren dürfen dort keine Bodenschätze abgebaut werden.

Wer an Tiere im Eis denkt, dem fallen Eisbären und Pinguine ein. Beide lieben auch das kalte Klima, sind sich aber nie begegnet. Der Eisbär lebt nur in der Eislandschaft am Nordpol. Pinguine leben nur in der Nähe des Südpols.

Der höchste Berg der Antarktis ist der Mount Vinson mit 5140 m.

der Äquator

Der Äquator ist eine gedachte Linie um die Mitte der Erde. Man kann ihn also auf dem Globus gezeichnet sehen, aber nicht irgendwo auf dem Boden. Er ist genauso weit vom Nordpol wie vom Südpol entfernt. Der Äquator teilt die Erde also in eine Nordhalbkugel und eine Südhalbkugel.

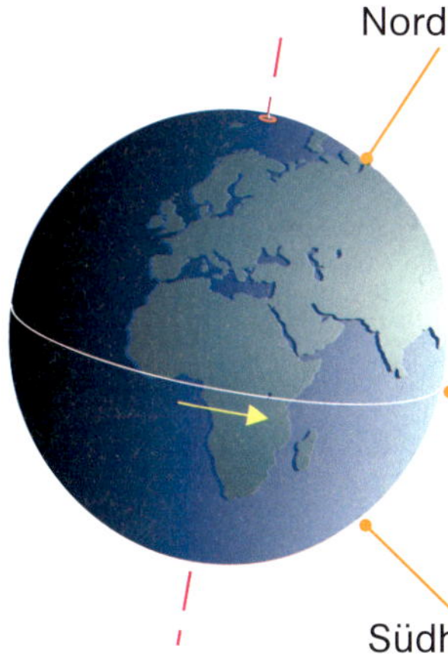

Am Äquator strahlt die Sonne fast immer senkrecht auf die Erde. Darum ist es beinahe immer gleich warm. Es gibt also auch keine verschiedenen Jahreszeiten. Die Landschaften am Äquator nennt man die **Tropen** und spricht von einem tropischen Klima.

Die Äquatorlinie, also der Umfang der Erde, beträgt etwa 40 000 km. Einige Länder liegen genau auf dem Äquator, wie Brasilien, Kongo und Indonesien. Ein Land verdankt seinen Namen dem Äquator, nämlich Ecuador.

→ *Erde*, → *Globus*, → *Klima*, → *Regenwald*

die Arbeit

Unter Arbeit versteht man meistens die Tätigkeiten, die Menschen ausüben, um Geld zu verdienen und den Lebensunterhalt zu sichern. Im privaten Haushalt und im Ehrenamt wird unbezahlte Arbeit geleistet. Man unterscheidet zwischen geistiger und körperlicher Arbeit.

Manchmal hat jemand keine Arbeit, weil er z. B. keine Ausbildung hat, weil neue Maschinen seine Arbeit machen, weil die Firma nicht mehr besteht. Diese Arbeitslosen verdienen kein Geld mehr und brauchen staatliche Hilfe. Ihr Leben verändert sich sehr.

→ *Beruf*, → *Ehrenamt*, → *Maschine*

?!

WUSSTEST DU DAS?

Früher mussten schon Fünfjährige arbeiten und Geld für die Familie verdienen. Heute ist bei uns Kinderarbeit verboten.

Es gibt eine staatliche Agentur für Arbeit. Sie versucht, Arbeitslosen eine neue Arbeitsstelle zu vermitteln.

Agentur für Arbeit

A

die **Arktis**

Die Arktis ist das schneereiche Gebiet rund um den Nordpol. Unter dem Nordpol befindet sich kein Land, sondern eine mit Gletschern versehene dicke Eisschicht.

Zur Arktis gehören aber auch einige Festlandgebiete, z. B. Grönland. In der Arktis leben nur wenige Menschen, u. a. die Inuit. Das Leben im ewigen Eis ist schwierig. Im Winter kann es bis zu −40 °C kalt sein, im Sommer nur knapp über 0 °C. Es wachsen nur wenige Pflanzen in der Arktis, doch trotzdem leben dort viele Tiere: Eisbären, Schneehasen, Rentiere, Polarfüchse und im Nordpolarmeer Walrosse, Robben, Wale und Fische. Im Winter herrscht in der Arktis die **Polarnacht**. Die Sonne geht viele Wochen lang nicht mehr auf und es bleibt dunkel. Im Sommer gibt es den Polartag. Dann geht die Sonne mehrere Wochen nicht mehr unter.

→ Antarktis, → Erde, → Gletscher, → Inuit

?!

WUSSTEST DU DAS?

Der geografische Nordpol ist der nördlichste Punkt der Erde. Er liegt 4087 m über dem Meeresgrund des Nordpolarmeers. Mit einem U-Boot kann man unter dem Nordpol durchfahren.

Der Eisbär ist eines der größten Landraubtiere der Erde. Er jagt Robben, Fische, Vögel, aber auch große Walrosse.

der **Arzt**

Ein Arzt behandelt kranke und verletzte Menschen. Wer zum Arzt geht, wird gründlich untersucht, damit die Ursache für die Krankheit festgestellt werden kann. Oft verschreibt der Arzt dann ein Rezept für ein Medikament.

Ein Arzt führt immer auch ein Gespräch mit dem Patienten und berät ihn über die richtige Behandlung. Um Krankheiten frühzeitig feststellen zu können, werden vom Arzt Vorsorgeuntersuchungen gemacht. Deshalb führen Ärzte auch Impfungen bei Kindern durch, z. B. gegen Windpocken und Masern.
Viele Ärzte arbeiten auch im Krankenhaus.

→ Beruf, → Medikament

?!

WUSSTEST DU DAS?

Wer als Arzt arbeiten möchte, muss an einer Universität Medizin studieren. Dort lernt man alles über Krankheiten, Heilmethoden und den menschlichen Körper. Danach kann man sich auf einen bestimmten Bereich der Medizin spezialisieren. Der Arzt für Allgemeinmedizin kümmert sich meist zuerst um Krankheiten. Oft überweist er Patienten an einen Spezialisten, der sich mit der Krankheit besser auskennt.

Asien

Asien ist der größte aller Kontinente. Hier lebt mehr als die Hälfte aller Menschen. Nach Westen wird das Uralgebirge als Grenze angesehen. Hier beginnt der asiatische Teil Russlands. Asien grenzt an verschiedene Ozeane: das Nordpolarmeer, den Indischen Ozean und den Pazifik.

In Asien gibt es fast alle Klimazonen. Im Norden liegt die baumlose Tundra. Daran schließt sich eine große Waldlandschaft an, dann eine riesige Wüste. Auf den vielen großen Inseln im Süden, wie Sumatra oder in Malaysia gibt es tropischen Regenwald. In Asien wurden die höchsten, aber auch sehr niedrige Temperaturen gemessen. Auch der höchste und der niedrigste Punkt der Erde liegen in Asien.

→ *Kontinent*, → *Regenwald*, → *Temperatur*, → *Wüste*

REKORDE

Die beiden größten Städte der Welt liegen in Asien. Es sind: Tokio, Japans Hauptstadt mit 35 Millionen Einwohnern, und Seoul, Südkoreas Hauptstadt, mit 21 Millionen.

Der höchste Berg Asiens ist der Mount Everest mit 8800 m. Er liegt im Himalaya-Gebirge zwischen China und Nepal.

Der größte Fluss Asiens ist der Jangtsekiang. Er ist 5600 km lang.

Der größte See der Welt, das Kaspische Meer, liegt in Asien. Er ist größer als ganz Deutschland.

Die größten Länder

In Asien leben etwa 3,6 Milliarden Menschen. Die Länder mit den meisten Einwohnern heißen:

China

1,3 Milliarden Einwohner, Hauptstadt: Peking

Indien

1 Milliarde Einwohner, Hauptstadt: Neu-Delhi

die **Atmung**

Alle Lebewesen brauchen Luft zum Atmen. Ein Kind atmet etwa 20-mal in der Minute rhythmisch und automatisch, ohne darüber nachzudenken. Erwachsene atmen etwa 12- bis 15-mal in der Minute. Die Anzahl der Atemzüge erhöht sich bei Anstrengung oder Angst.

Durch die Nase oder den Mund wird Luft eingeatmet. Sie gelangt durch die Luftröhre zu den Bronchien in beide Lungenflügel. Die Bronchien verästeln sich immer feiner und sind von vielen Blutgefäßen umgeben. Hier wird der Sauerstoff der Luft in das Blut aufgenommen und mit dem Blutkreislauf durch den ganzen Körper transportiert. Dabei bleibt unbrauchbares Kohlendioxidgas übrig, das später wieder ausgeatmet wird.

Die **Lunge** fasst zwei bis drei Liter Luft. Bei einem Atemzug wird aber meist nur ein halber Liter ein- oder ausgeatmet. Beim Einatmen hebt sich der Brustkorb (Brustatmung) oder der Bauchraum (Bauchatmung). Wer Asthma hat, bekommt nur schlecht Luft. Die Lunge nimmt weniger Sauerstoff auf. Medikamente können jedoch helfen. Der Sauerstoff ist lebensnotwendig, um Nährstoffe aus der Nahrung verwerten zu können.

Die Atmung der meisten Säugetiere ähnelt der des Menschen. Fische und die meisten Wassertiere haben keine Lungen, sondern Kiemen. Damit können sie den Sauerstoff aus dem Wasser heraus gewinnen.

→ *Fisch*, → *Mensch*, → *Pflanze*, → *Tier*

?!

WUSSTEST DU DAS?

Beim Ausatmen verliert der Körper täglich mehr als einen Liter Flüssigkeit.

Täglich werden in über 20000 Atemzügen fast 12000 Liter Luft ein- und ausgeatmet.

Beim Husten können die Tröpfchen in der Atemluft eine Geschwindigkeit von fast 500 km in der Stunde erreichen.

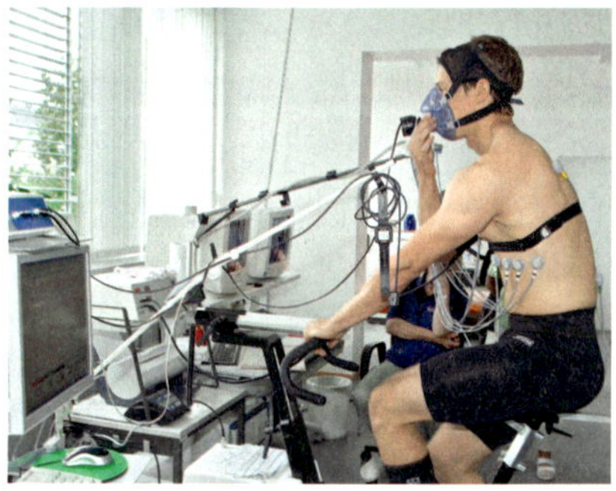

Mit diesem Gerät wird die Lungenfunktion geprüft.

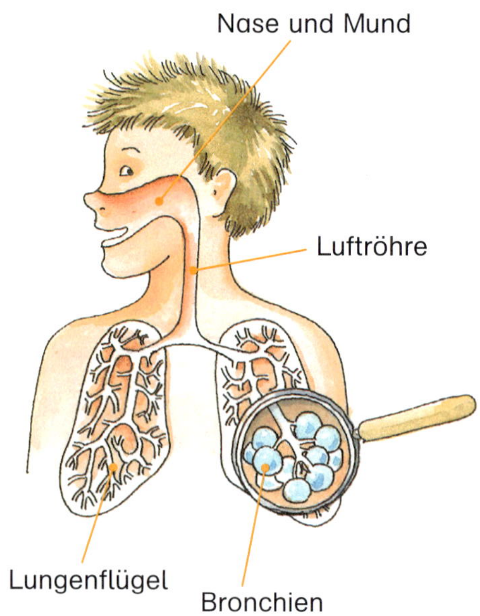

Australien

Australien ist der kleinste Kontinent. Vor etwa 400 Jahren sind zuerst portugiesische und holländische Seeleute hier gelandet.

Aber das Land wirkte trocken und unfruchtbar. Erst etwa 200 Jahre später nahm der englische Kapitän James Cook Australien in Besitz. Zunächst brachten die Engländer hier ihre Sträflinge unter. Nach und nach kamen aber auch Menschen freiwillig. Sie arbeiteten als Handwerker und Bauern, züchteten Rinder und Schafe, suchten nach Gold. Nur an der Küste entstanden wenige, aber große Städte. Das übrige Land ist weiterhin dünn besiedelt.

Damals lebten in Australien schon **Ureinwohner**. Sie lebten etwa wie die Menschen bei uns in der Steinzeit. Sie waren Sammler und Jäger und benutzten bei der Jagd den Bumerang. Heute leben noch etwa 400 000 dieser Ureinwohner. Man nennt sie Aborigines.

→ *Landwirtschaft*, → *Steinzeit*

REKORDE

Die größte Insel Australiens ist Tasmanien.

Australien ist das Land mit den meisten giftigen Tieren. Das sind u. a. Schlangen, Spinnen, Skorpione und Quallen.

Australien ist der größte Rindfleisch- und Wolllieferant der Welt.

In Australien leben die merkwürdigsten Tiere der Welt. Das Schnabeltier ist ein Säugetier, legt aber Eier. Kängurus und Koalas sind Beuteltiere, die ihre Jungen mehr als ein Jahr lang in einem Beutel vor dem Bauch tragen.

Mitten in Australien erhebt sich in der Ebene ein roter Berg, der Ayers Rock oder Uluru. Für die Aborigines ist es ein heiliger Berg.

In Australien gibt es nur einen Staat. Hier leben etwa 21 Millionen Einwohner, nämlich die Australier. Die Hauptstadt heißt Canberra. Die größten Städte sind Sydney, Melbourne, Brisbane und Perth.

Südöstlich von Australien liegen zwei Inseln. Sie bilden den Staat Neuseeland. Auch dort wird viel Rinder- und Schafzucht betrieben. Die Hauptstadt ist Wellington. Auch auf Neuseeland leben Ureinwohner. Sie werden Maoris genannt.

A

das **Auto**

Es war bis zum 19. Jahrhundert eine mühsame, zeitraubende Angelegenheit, von einem Ort zum anderen zu gelangen. Zwar hatten reiche Leute die Möglichkeit, mit Kutschen zu reisen, aber auch das dauerte und angenehm war es auch nicht.

Schon lange träumte man deshalb von einem Fahrzeug, das sich unabhängig von Tieren und Muskelkraft bewegte. Ein Automobil sollte es sein, ein Selbstbeweger, wie das Wort bedeutet.

Zunächst gab es die Idee eines Dampfwagens, den eine riesige Dampfmaschine bewegte. Aber das war kein Erfolg. Dann wurden die ersten Verbrennungsmotoren erfunden, die mit Benzin oder Diesel arbeiteten. Carl Benz in Karlsruhe und Gottfried Daimler in Stuttgart bauten fast zur gleichen Zeit 1886 ein erstes Auto. Es fuhr mit einem PS gerade 12 km/h und war damit kaum so schnell wie eine Kutsche. Aber es war ein Anfang.

Danach ging die Entwicklung rasend schnell voran. Immer wieder gab es neue Erfindungen und Verbesserungen rund ums Auto. Es gab Autos mit vier Rädern, geschlossenem Verdeck und luftgefüllten Reifen. In kürzester Zeit fuhren die Autos über 100 km/h schnell. Bald gab es auch Autos für den Transport von Gütern und Busse. Das Auto wurde ein Fahrzeug für das ganze Volk. Heute sind in Deutschland allein 40 Millionen Autos zugelassen. Damit hat jeder Zweite ein Auto. Daher muss intensiv überlegt werden, wie Autos umweltverträglicher werden können. Die **Abgase** werden geringer und man baut Autos mit Gas- oder Elektroantrieb.

→ *Dampfmaschine*, → *Industrie*, → *Verkehr*

Stationen der Autogeschichte

Auto von Carl Benz um 1888

Das erste Fließbandauto von Ford aus dem Jahr 1910

Das meistgekaufte Auto in Deutschland ist der Käfer gewesen. Von ihm wurden mehr als 20 Millionen Exemplare gebaut.

Es gibt bereits Elektroautos, die keine schädlichen Gase entwickeln. Das Problem ist jedoch noch die Reichweite der Autos bis zum Aufladen der Batterie.

der **Baum**

Bäume haben einen holzigen Stamm, Äste und Zweige mit Blättern. Die Wurzeln halten den Baum in der Erde fest und versorgen ihn mit Wasser und Nährstoffen. Bäume gibt es seit Millionen von Jahren. Seitdem haben sich viele Arten entwickelt.

In unserem Klima beginnen die Laubbäume im Frühling Blätter auszutreiben, durch die sie Wasser verdunsten und **Sauerstoff** ausatmen. Im Herbst werfen sie die Blätter ab, da sie sie im Winter nicht versorgen können. Ausnahmen bilden die Nadelbäume, die, bis auf die Lärche, ganzjährig die Nadeln behalten. Bäume entwickeln Blüten und bekommen Früchte zur Fortpflanzung.

Bäume hatten für Menschen immer einen großen Wert. Das Holz der Bäume lieferte Baumaterial für Häuser, Material für Möbel und zum Heizen. Viele Bäume lieferten essbare Früchte. Auch in anderer Hinsicht hatten Bäume einen Wert: die Germanen versammelten sich unter einer mächtigen Eiche, um Gericht zu halten und Recht zu sprechen. In der Mitte eines Dorfes stand oft eine alte Linde oder auch eine Buche. Zu Weihnachten wird ein Weihnachtsbaum ins Haus geholt.

In warmen Gegenden gibt es Regenwälder mit immergrünen Laubbäumen. In Gegenden mit wenig Regen und Wassermangel, wie z. B. in den Steppen und Wüsten, gibt es keine Bäume, ebenso nicht im Hochgebirge, wo nur kleine und niedrige oder gar keine Pflanzen wachsen. Der höchste bekannte Baum war ein Eukalyptusbaum mit einer Höhe von 140 m. Der älteste Baum soll etwa 6000 Jahre alt geworden sein.

→ *Germanen*, → *Pflanze*, → *Regenwald*, → *Wald*

Mammutbaum aus dem Yosemite Nationalpark (USA)

Mammutbäume können fast 100 m hoch werden und einen Umfang von 30 m haben.

B

der **Baustil**

Die Art zu bauen, nennt man Baustil. Am Baustil kann man oft erkennen, aus welcher Zeit das Gebäude stammt. In einer bestimmten Zeit wurde meist gleich gebaut, weil die Menschen die gleichen Vorlieben hatten. Dies kann man besonders an Kirchen, Schlössern oder Rathäusern feststellen.

Die **Ägypter**, die Griechen und auch die Römer hatten eine Vorliebe für einfache rechteckige Formen, die geschmückt waren durch Säulen.

Der Baustil, in dem bei uns etwa ab 1000 gebaut wurde, nennt man **Romanik**, weil er an die alte römische Bauweise erinnert. Romanische Kirchen haben dicke, glatte Mauern und schmale Fenster mit runden Bögen.

Etwa ab dem 13. Jahrhundert baute man deutlich anders. Die Wände wurden verziert mit Türmchen, Heiligenfiguren und schlanken Pfeilern. Alles strebte nach oben. Diesen Baustil mit den Spitzbögen nennt man **Gotik**.

Die späteren Baustile des **Barock** und des **Rokoko** zeichnen sich durch eine prunkvolle und verschnörkelte Bauweise aus.

→ *Kunst*, → *Römer*

Maria Laach

Kölner Dom

Dresdner Zwinger

Romanik (Maria Laach)
An den Rundbögen kann man den romanischen Baustil leicht erkennen.

Gotik (Kölner Dom)
Die Fenster wurden höher, größer und bekamen in der Gotik spitze Bögen.

Barock (Dresdner Zwinger)
Barocke Fenster sind reich verziert.

der **Bergbau**

Unter der Erde liegen Materialien, die für unser Leben wichtig sind. Schon seit langer Zeit versuchen Menschen, sie zu gewinnen und zu nutzen. Deshalb werden sie auch Bodenschätze genannt. Zu diesen Bodenschätzen zählt man u. a.: Kupfer, Eisen, Kohle, Salz, Gold, Silber und Edelsteine.

Über den Bodenschätzen lagen Erdschichten und Berge. Diese mussten von Bergleuten in einem Bergbau weggeräumt werden. Wenn die Bodenschätze dicht unter der Oberfläche liegen, werden sie im Tagebau abgebaut. Man trägt nur die oberste Erdschicht ab und gelangt dann an die Bodenschätze. So wird bei uns z. B. Braunkohle gewonnen.

Meist liegen die Bodenschätze jedoch mehrere hundert Meter tief. Dann werden sie im Untertagebau abgebaut. In Deutschland hat man früher Kupfer, Silber und Eisenerz abgebaut. Heute lohnt sich das nicht mehr, weil die Lager nur noch geringe Mengen hergeben.

Für Steinkohlenbergwerke (**Zechen**) werden über 1000 m tiefe Schächte in die Erde gebohrt. Von den Schächten aus werden dorthin, wo die Kohlenschichten (Flöze) liegen, waagerechte Gänge gebaut. Früher haben die Bergleute die Kohle mit Hacken, Hämmern, Meißeln und Schaufeln abgebaut. Heute gibt es dazu riesige Maschinen, Kohlenhobel und Schrämmaschinen genannt. Heute gibt es nur noch wenige Zechen im Ruhrgebiet. Vor 50 Jahren gab es z. B. in Essen etwa 50 Zechen, heute keine einzige mehr.
In den Haushalten wird meist nicht mehr mit Kohle geheizt und Steinkohle für Kraftwerke wird preiswerter in anderen Ländern eingekauft.

→ *Industrie*, → *Kraftwerk*, → *Kohle*, → *Mineral*

Schnitt durch ein Steinkohlebergwerk

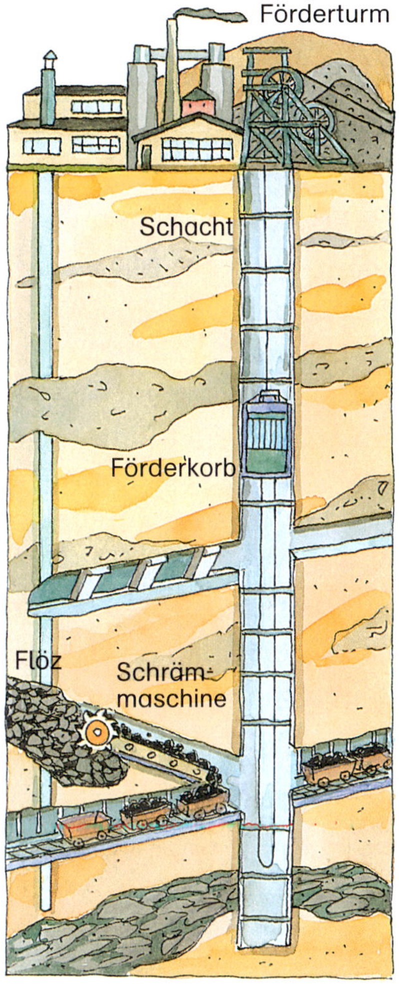

Bergleute bei einer Bergparade

der **Beruf**

Mit seinem Beruf verdient man in der Regel das Geld für den Lebensunterhalt. Für den Beruf muss man die erforderlichen Fähigkeiten haben oder erlernen.

Die Berufswahl wird durch eigene Berufswünsche, aber auch durch Eltern, Verwandte, Freunde und die Berufsangebote beeinflusst. Zusätzlich gibt es Berufsberater, die helfen, den passenden Beruf zu finden. Man kann einen Beruf wählen, in dem etwas produziert wird, in dem Handel getrieben oder Dienste geleistet werden.
Es gibt verschiedene Wege, in einen Beruf zu kommen: durch Anlernen, durch eine Lehre mit dem Besuch der Berufsschule oder durch ein Studium an der Hochschule. Für Berufe wie Arzt, Apotheker, Lehrer, Rechtsanwalt braucht man ein Hochschulstudium.

→ *Arbeit,* → *Arzt,* → *Industrie*

Umfassend versierte/r
Augenarzthelfer/in
für Vollzeitstelle in
Duisburger Augenarztpraxis
gesucht.
Bitte senden Sie ihre Bewerbung an
Gemeinschaftspraxis Dres. Lärisch

Architekt
20. J. Berufserfahrung, LP 1–5,
sehr gute Kenntnisse in
Archi CAD, 3 D + 2 D,
sucht Vollzeit-/Teilzeitjob
☎ 0154 / 284 344 19

Heizungsbauer
Anfang 40,
guter Autogenschweißer,
sucht neuen Wirkungskreis
z. B. als Haustechniker o. Ä.
Auch bei Zeitarbeit
✉ 17 Z520604

die **Biene**

Die über 30 000 Bienenarten sind Insekten, die für Menschen und Pflanzen sehr wichtig sind. Bienen bestäuben die Blüten und sorgen so dafür, dass sich Früchte und Samen bilden.

Bei den vielen tausend Bienen eines Bienenvolkes gibt es eine strenge Arbeitsteilung. Die Königin legt den ganzen Sommer über Eier in Waben. Daraus schlüpfen nach drei Tagen Larven. Sie werden mit Honig und Blütenpollen ernährt. Dann entwickeln sie sich zu fertigen Bienen. Arbeiterbienen sammeln **Nektar** und Pollen aus Blüten. In ihrem Bienenmagen machen sie Nektar zu Honig. Sie füttern die Larven, bauen Waben, säubern den Bienenstock und bewachen ihn.

→ *Ei,* → *Insekt,* → *Larve*

Besuch einer Blüte

Eine Biene saugt mit ihrem Rüssel Nektar aus einer Kirschblüte.

die **Biologie**

Biologie ist die Lehre und Wissenschaft vom Leben. Das Wort stammt aus dem Griechischen.

Sie beschreibt und erforscht alle Lebewesen, also den Menschen, die Tiere und die Pflanzen. Dabei erforscht sie auch die Entwicklung der Lebewesen und die Veränderung der Lebensbedingungen.
Die Lehre von den Tieren wird Zoologie genannt und die von den Pflanzen Botanik. Die Biologen wenden verschiedene wissenschaftliche Methoden an, wie z. B. Zeichnen, Experimentieren, Beschreiben, Betrachten, Beobachten, auch mit Lupen und Mikroskopen.

→ *Gletscher*, → *Larve*, → *Moor*, → *Tier*, → *Wald*

In der Grundschule ist die Biologie ein Teilbereich des Sachunterrichts. Auch da geht es darum, Herkunft von Pflanzen und Tieren kennen zu lernen, und die Entwicklung. Es wird experimentiert, gesammelt, verglichen, beobachtet.

das **Biotop**

Ein Biotop ist der Lebensraum, in dem bestimmte Tiere und Pflanzen in einer Lebensgemeinschaft zusammenleben.

Solche Biotope können sein: eine Wiese, ein Teich, ein Sumpf, das Moor, der Wald oder die Heide. Viele Biotope sind heute in ihrem Gleichgewicht gestört. Wenn z. B. in einer Gegend alle Brennnesseln ausgerottet werden, können dort auch viele Schmetterlinge nicht mehr leben. Denn Tagpfauenaugen und Admirale legen ihre Eier nur an Brennnesselblättern ab. Biotope sind auch durch intensiven Tourismus, landwirtschaftliche Nutzung, Abholzung von Bäumen oder die Trockenlegung von Feuchtgebieten gefährdet.

→ *Moor*, → *Tier*, → *Wald*

Ein neues Biotop

Ein einfaches, kleines, leicht anzufertigendes Biotop ist z. B. eine Trockenmauer. Steine werden mit Zwischenräumen locker aufeinander geschichtet. Dort siedeln sich viele verschiedene Kleintiere an wie Asseln, Ameisen, Ohrenkneifer u. a.

die **Brücke**

Eine Brücke überbrückt ein Hindernis, z. B. einen Fluss, eine Meeresenge oder ein Tal. Sie kann eine Straße, Schienen und sogar Wasser tragen. Brücken, die Wasser führen, nennt man Aquädukte.

Die ersten Brücken waren sehr einfach. Sie bestanden aus einem Baumstamm, der über einen Bach gelegt wurde. Danach nahm man dazu Balken. Um die Brücke zu verlängern, wurden Pfeiler aufgestellt. Diese Brücken werden heute noch Balkenbrücken genannt, obwohl sie nicht mehr aus Balken bestehen, sondern aus Stahl und Beton.

Eine andere Brückenform ist die Bogenbrücke. Diese wurde von den Römern erfunden. Die Brücke ist aus Stein und hat gemauerte Bögen.

Hängebrücken bestehen meist aus Stahl und Beton. Die Fahrbahn hängt an dicken Stahlseilen, die an hohen Stahltürmen (Pylonen) befestigt sind. Hängebrücken führen meist über Gewässer. Es gibt sie seit etwa 200 Jahren. Die ersten hatten noch keine Stahlseile, sondern dicke Ketten, daher hießen sie auch Kettenbrücken.

Zugbrücken überbrücken meist einen Fluss und haben eine bewegliche Fahrbahn. Wenn ein Schiff naht, wird die Fahrbahn für Fahrzeuge gesperrt und hochgezogen. Das Schiff kann durchfahren und die Fahrbahn wird wieder heruntergelassen.

Bei einer Hubbrücke ist die Fahrbahn an Ketten oder Stahlseilen zwischen Pfeilern aufgehängt. Sie kann hochgezogen werden, wenn ein Schiff kommt.

→ *Fluss*, → *Römer*, → *Stahl*

Johann August Roebling

Er wurde 1806 in Deutschland geboren und ist nach Amerika ausgewandert. Dort war er der Konstrukteur der Brooklyn-Bridge. Es war damals die längste Hängebrücke der Welt. Er starb 1869 bei den Bauarbeiten. Sein Sohn Washington und dessen Frau Emily setzten seine Arbeit fort.

Verschiedene Brücken

Die Hängebrücke Brooklyn-Bridge in New York wurde 1883 fertig gestellt. Sie wurde mit 21 Elefanten auf ihre Haltbarkeit überprüft.

Eine berühmte Zugbrücke steht in Arles. Sie wurde vom Maler van Gogh gemalt.

die **Bundesländer**

Nach dem 2. Weltkrieg (1939–1945) wurde 1949 ein neuer deutscher Staat gegründet: die Bundesrepublik Deutschland.

Der Staat nannte sich so, weil er aus einem Zusammenschluss, also einem Bund von 11 Ländern wie z. B. Hessen, Niedersachsen und Bayern bestand. Republik bedeutet, dass der Staat keinen König, sondern einen Präsidenten als Staatsoberhaupt hat. Dieser wird nicht auf Lebenszeit, sondern nur für eine gewisse Zeit gewählt.

1990 traten fünf neue Bundesländer den 11 alten Bundesländern der Bundesrepublik Deutschland bei. Sie bildeten ebenfalls seit 1949 einen zweiten deutschen Staat, die Deutsche Demokratische Republik, die nun aufgelöst wurde.

Seither hat die Bundesrepublik Deutschland insgesamt 16 Bundesländer: Baden-Württemberg, Bayern, Berlin, Brandenburg, Bremen, Hamburg, Hessen, Mecklenburg-Vorpommern, Niedersachsen, Nordrhein-Westfalen, Rheinland-Pfalz, Saarland, Sachsen, Sachsen-Anhalt, Schleswig-Holstein und Thüringen. Berlin, Bremen und Hamburg sind Stadtstaaten, weil die jeweilige Stadt gleichzeitig auch ein Bundesland ist.

Jedes Bundesland wird von einer Landesregierung regiert. An ihrer Spitze steht der Ministerpräsident. Die drei Stadtstaaten Berlin, Bremen und Hamburg nennen ihre Regierung Senat. Er wird geleitet von einem Bürgermeister.

Der Fläche nach ist Bayern das größte Bundesland. Die meisten Einwohner wohnen in Nordrhein-Westfalen.

→ *Deutschland*, → *Minister*

Baden-Württemberg
Hauptstadt: Stuttgart

Bayern
Hauptstadt: München

Berlin
Stadtstaat

Brandenburg
Hauptstadt: Potsdam

Bremen
Stadtstaat

Hamburg
Stadtstaat

Hessen
Hauptstadt: Wiesbaden

Mecklenburg-Vorpommern
Hauptstadt: Schwerin

Niedersachsen
Hauptstadt: Hannover

Nordrhein-Westfalen
Hauptstadt: Düsseldorf

Rheinland-Pfalz
Hauptstadt: Mainz

Saarland
Hauptstadt: Saarbrücken

Sachsen
Hauptstadt: Dresden

Sachsen-Anhalt
Hauptstadt: Magdeburg

Schleswig-Holstein
Hauptstadt: Kiel

Thüringen
Hauptstadt: Erfurt

C

die **Chemie**

Alle Gegenstände und Lebewesen bestehen aus verschiedenem Material. Diese Materialien nennt man auch Grundstoffe. Die Chemie ist die Lehre und Wissenschaft von den Stoffen.

Ohne Chemie ist unser heutiges Leben kaum noch vorstellbar. Farben, Waschmittel, Kleidung, Dünger, Medizin, einige Nahrungsmittel und vieles andere werden chemisch hergestellt oder behandelt.

Der Chemiker untersucht, welche Eigenschaften die Stoffe haben, wie sie zusammengesetzt sind, wie sie sich ändern können und wie sie miteinander reagieren. Dazu führt der Chemiker oft Experimente in einem Labor durch.

→ *Feuer*, → *Mineral*

Auch in der Grundschule werden schon Stoffe und ihre Eigenschaften untersucht, z. B. Luft, Wasser oder Salz. Hier handelt es sich um einen Teilbereich des Faches Sachunterricht.

das **Cluster**

Wenn du Ideen zu einem Thema sammeln willst oder den Zusammenhang der verschiedenen Inhalte eines Themas klar machen willst, dann kann ein Cluster helfen.

Was ist ein Cluster?

Cluster ist ein englisches Wort. Es wird „Klaster“ gesprochen. Cluster kann so erklärt werden:

- Ein Cluster ist die zeichnerische Gliederung eines Themas.
- Ein Cluster zeigt Einzelteile eines größeren Themas und wie sie zusammenhängen.
- Ein Cluster ist eine Art „Landkarte“ von einem größeren Thema.

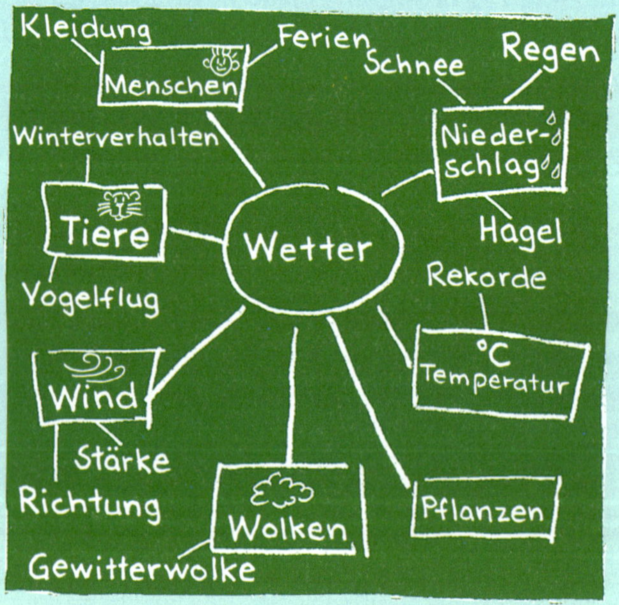

der Computer

Computer sind elektronische Rechenmaschinen, die in unserem Alltag heute völlig selbstverständlich sind.

Dabei gibt es Computer erst seit kurzer Zeit. Der erste Computer lief 1937 und war so groß wie ein ganzes Zimmer. Seitdem haben sie sich aber im Aussehen und in der Geschwindigkeit sehr verändert. Sie wurden immer kleiner und schneller.

Seit etwa 1990 werden sie auch im privaten Haushalt benutzt. Heute können sie mehr als nur rechnen. Sie werden genutzt zum Schreiben, Malen, Komponieren und Spielen. Mit Hilfe des Internets kann man sich Informationen beschaffen, Fotos und E-Mails verschicken, chatten und einkaufen.

→ *Industrie*, → *Internet*, → *Roboter*

Lisa wurde 1983 der erste Computer von der Firma Apple genannt. Er hatte damals bereits eine Maus und war ähnlich leicht zu bedienen wie die heutigen PCs.

der Container

Ein Container ist ein Behälter, der zur Lagerung und zum Transport benutzt wird. Viele Städte haben an den Straßen Recycling-Container aufgestellt, in denen Papier, Glas und Kleidung gesammelt wird.

Heute werden die meisten in der Industrie gefertigten Güter in Container verpackt. Damit diese Container möglichst schnell in alle Welt gebracht werden können, gibt es genormte, d.h. gleich große, Container. Sie passen weltweit auf alle LKW, Züge, Binnen- und Seeschiffe. An Flughäfen und in Häfen gibt es riesige Containerterminals, auf denen die Container umgeladen werden. Dazu werden große Brückenkräne benutzt.

→ *Abfall*, → *Hafen*, → *Industrie*, → *Schiff*

?!

WUSSTEST DU DAS?

Das größte Containerschiff der Welt kann 13 000 Container transportieren.

Der kleine Standardcontainer ist 6 x 2,5 x 2,5 m groß. Da passen 10 000 Jeans rein.

Einige Container werden auch als Wohn- oder Büroräume auf Baustellen genutzt.

D

die Dampfmaschine

Bei einer Dampfmaschine wurde durch ein Kohlenfeuer Wasser in einem Kessel erhitzt. Dabei wurde Dampf erzeugt, der dann einen Kolben in einem Zylinder hin und her bewegte.

Die ersten Dampfmaschinen wurden in Bergwerken genutzt. Dort pumpten sie vor allem das Grundwasser heraus. Die von James Watt verbesserte Dampfmaschine wurde in Dampflokomotiven eingesetzt, außerdem in Textilfabriken, Mühlen, Walzwerken und bei der Ernte. Es gab auch den missglückten Versuch eines Dampfmaschinen-Autos. Durch die Dampfmaschine begann ab dem 18. Jahrhundert der Erfolg der Industrialisierung auch in Deutschland. Überall entstanden Fabriken und alle hatten eine Dampfmaschine, die andere Maschinen antrieb. Heute werden solche Maschinen durch **Strom** oder Erdöl betrieben.

→ *Bergbau*, → *Deutschland*, → *Industrie*, → *Strom*

James Watt

Der Schotte James Watt war ein Werkzeugmacher. Er interessierte sich für viele Sachen. Damals gab es bereits eine Dampfmaschine. Sie war sehr anfällig und brauchte unglaublich viel Kohle. Watts Verdienst war es, die Dampfmaschine entscheidend zu verbessern. Sie leistete mehr, hielt länger und verbrauchte nur noch die Hälfte an Kohle. In dieser Form wurde die Dampfmaschine ab etwa 1769 für über 100 Jahre die wichtigste Maschine in allen europäischen Fabriken.

der Deich

An Seen, Flüssen und an der Küste werden Deiche gebaut. Sie sollen niedrig gelegene Gebiete vor der Überflutung schützen.

Ein Deich wird so hoch gebaut, dass er höher ist als der erwartete Höchststand des Wassers. Zum Wasser hin hat der Deich eine relativ flache Böschung. Die Deichkrone ist meist etwa 2 m breit. Die Böschung zum Land fällt steiler ab. Deichgrafen haben die Aufgabe, den Zustand der Deiche zu kontrollieren und sie reparieren zu lassen. Notfalls werden Deiche bei Hochwasser durch Sandsäcke vor einem Deichbruch gesichert.

→ *Ebbe und Flut*

Der Aufbau des Deichs

① Steinpflaster
② Innenböschung
③ Deichkrone
④ Außenböschung
⑤ Sandkern

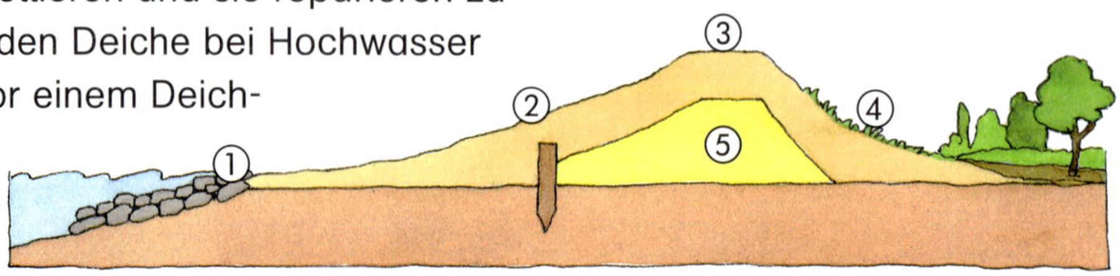

die **Demokratie**

Das Wort Demokratie stammt aus dem Griechischen. Vor über 2000 Jahren bedeutete Demokratie in Griechenland „Herrschaft des Volkes". Jeder Bürger durfte in den Städten bei Entscheidungen mitbestimmen und seine Meinung sagen.

In den heutigen großen Staaten mit vielen Millionen Einwohnern ist es schwierig, dass jeder Einzelne bestimmen kann, was geschehen soll. Er kann aber in geheimen und freien Wahlen mitbestimmen, wer ihn bei Abstimmungen im Parlament und in der Regierung vertreten soll. Bei diesen Wahlen hat jeder Bürger eine Stimme und jede Stimme hat dasselbe Gewicht. Wahlgewinner ist derjenige, der die Mehrzahl der Stimmen bekommt. Durch die Wahlen muss ein Regierungswechsel möglich sein.

In einer Demokratie haben alle Menschen dieselben Rechte und Pflichten. Jeder darf seine Meinung sagen, wenn sie nicht gegen das Grundgesetz verstößt. Zeitungen, Radio und Fernsehen dürfen sie veröffentlichen.

Von den heutigen über 200 Staaten der Welt zählt man etwa die Hälfte zu den Demokratien. Einige Staaten nennen sich selbst Demokratien, obwohl sie eigentlich keine sind, weil die Bürger keine demokratischen Rechte haben.

Die Bundesrepublik Deutschland ist seit 1949 eine Demokratie. Sie löste damals eine ganz schlimme Diktatur ab, in der der einzelne Bürger kaum Freiheiten und Rechte hatte. In Diktaturen hat ein Einzelner oder eine kleine Gruppe von Menschen das Sagen. In einer Monarchie ist ein König oder eine Königin das Staatsoberhaupt.

→ *Menschenrechte*, → *Wahl*

Demokratische Wahlen

Die Abgeordneten, die von den deutschen Wählern für den Bundestag gewählt wurden, treffen sich in Berlin. Hier beraten und beschließen sie im Reichstagsgebäude Gesetze für Deutschland.

D

Deutschland

Deutschland ist das Land genau im Herzen Europas. Hier leben etwa 80 Millionen Menschen. In keinem anderen Land Europas leben mehr Menschen.

Deutschland hat auch die meisten Nachbarländer. Neun andere Staaten grenzen an Deutschland. Das beginnt im Norden mit Dänemark. Dann folgen im Uhrzeigersinn: Polen, Tschechien, Österreich, Schweiz, Frankreich, Luxemburg, Belgien und die Niederlande. Die kürzeste Grenze sind die knapp 70 km zu Dänemark, die längste Grenze besteht zu Österreich mit über 800 km.

Im Norden grenzt Deutschland an die Nordsee und Ostsee. Diese Küstenlandschaft ist weitgehend ein niedrig liegendes Flachland.

Daran schließen sich verschiedene Mittelgebirge an. Dazu gehören der Harz mit dem über 1000 m hohen Brocken, das Weser-Bergland und das bis zu 800 m hohe Sauerland.

Weiter südlich gehören zu den Mittelgebirgen u. a. das Erzgebirge, das Fichtelgebirge, die Eifel und der Schwarzwald mit dem etwa 1500 m hohen Feldberg. Er ist der zweithöchste deutsche Berg. Ganz im Süden grenzt Deutschland an ein Hochgebirge, die Alpen, mit der 2963 m hohen Zugspitze.

Die Hauptstadt Deutschlands ist Berlin mit über drei Millionen Einwohnern. Es gibt etwa 80 Großstädte mit jeweils über 100 000 Einwohnern. 14 Städte haben sogar mehr als 500 000 Einwohner.

Die Bundesrepublik Deutschland besteht aus 16 Bundesländern.

→ *Bundesländer*, → *Europa*, → *Gebirge*, → *Rhein*

Die größten deutschen Städte haben über eine Million Einwohner:

Berlin	3,5 Millionen
Hamburg	1,8 Millionen
München	1,3 Millionen
Köln	1 Million

Der längste deutsche Fluss ist der Rhein. Er kommt aus der Schweiz und fließt über 800 km durch Deutschland.

Der höchste Berg ist die Zugspitze in den bayerischen Alpen mit 2963 m.

Der größte See ist der Bodensee in Baden-Württemberg, der mit dem anderen Ufer an die Schweiz grenzt.

Die größte Insel ist Rügen in der Ostsee. Sie gehört zu Mecklenburg-Vorpommern.

Bundesfahne

Bundeswappen

die **Diskussion**

Wer mit anderen diskutiert, tauscht bei diesem Gespräch sachlich Meinungen aus. Bei der Diskussion ist es wichtig, dass jeder auch dem anderen zuhört.
Der Gesprächsleiter, die Leiterin eröffnet die Diskussion, erteilt das Wort, fasst ein Ergebnis zusammen. Ein Zeitwächter achtet auf die Zeit.

Formulierungshilfen:

- Ich meine ...
- Dazu möchte ich sagen ...
- Das möchte ich noch einmal geklärt haben.
- Da bin ich ganz anderer Meinung ...
- Können wir uns nicht darauf einigen, dass ...
- Seid ihr damit einverstanden, dass ...

das **Doping**

Unter Doping versteht man im Sport die Einnahme von verbotenen Medikamenten oder die Nutzung von verbotenen Methoden.

Wenn Leistungen sich nicht verbessern, überlegen sich einige Sportler, Medikamente einzunehmen. Doping kann helfen, die sportlichen Leistungen zu verbessern. Das ist verboten und auch gefährlich, da gesunde Menschen nicht ohne Grund Medikamente einnehmen sollen. Um Doping nachzuweisen, gibt es Dopingtests. Diese Urintests werden unangekündigt beim Training oder nach einem Wettkampf durchgeführt. Wer gedopt hat und dabei erwischt wird, wird in der Regel für mindestens zwei Jahre für Wettkämpfe gesperrt.

→ *Medikament*, → *Sport*

Hinweistafel zum Dopingtest

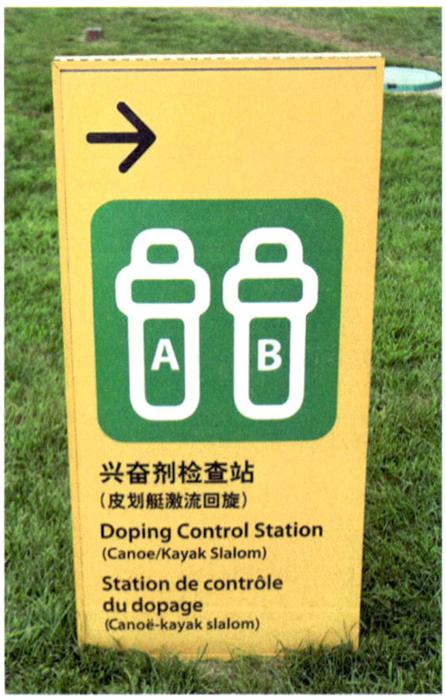

das **Dorf**

Dörfer sind kleine, ländliche Orte mit wenigen Häusern und Einwohnern. In der Regel kennt jeder jeden im Dorf. Viele Dorfbewohner sind auch miteinander verwandt.

An günstigen Stellen, z.B. an einem Fluss oder auf fruchtbarem Boden, siedelten sich die ersten Bauern an. Entlang der Dorfstraße oder rund um die Kirche reihten sie ihre Bauernhäuser aneinander. Sie betrieben Landwirtschaft und Viehzucht. Um das Dorf herum lagen die Felder, Weiden und Wiesen, die einzelnen Dorfbewohnern gehörten, und Wälder, die meist allen zur Verfügung standen. Kleidung und Nahrungsmittel wurden oft selbst hergestellt. Es gab auch Handwerker, die für die Bauern wichtig waren, z.B. einen Schmied, der die Pferde beschlagen oder Geräte reparieren konnte.

Heute haben sich die Dörfer sehr verändert. Nur noch wenige Bauern bewirtschaften das Land oder betreiben Viehzucht. Bauernhöfe liegen meist am Dorfrand, weil die Bauern viel Platz für ihre Maschinen brauchen. Viele Städter sind zugezogen, die die Ruhe des Dorfes genießen wollen. In den Ferien kommen Urlauber z.B. zum Reiten auf das Land.

Aber Dörfer haben auch Nachteile. In vielen Dörfern gibt es z.B. keine Einkaufsmöglichkeit mehr, eine Post, Ärzte und Banken fehlen.

Mehrere Dörfer haben sich zu einem Gemeindeverbund zusammengeschlossen. Die Gemeinden gehören einem **Landkreis** an. Der Landkreis mit der Kreisverwaltung regelt die Einrichtung von Schulen, Kindergärten, Müllabfuhr, Krankenversorgung und den öffentlichen Nahverkehr.

→ *Stadt*

Dorfformen

Bei einem Straßendorf stehen die Häuser oft nur an einer Hauptstraße entlang.

Bei einem Haufendorf stehen die Häuser unregelmäßig verwürfelt beieinander.

Bei einem Rundling bilden die Häuser einen Kreis um eine Dorfmitte, einen Platz oder eine Kirche.

D

die **Droge**

Unter Drogen verstand man früher Heilkräuter, die in einer Drogerie verkauft wurden. Heute bezeichnet man Rauschmittel oder Rauschgift als Drogen.

Dazu gehören: Nikotin, Alkohol, Heroin, Kokain, LSD, Extasy und Haschisch. Diese Stoffe können den Körper in einen Rausch versetzen. Nach einiger Zeit lässt die Wirkung jedoch nach und der Körper fordert erneut Drogen. Der Mensch ist süchtig und damit abhängig von den Drogen geworden. Die Menge der Drogen muss gesteigert werden, damit der Rauschzustand entsteht. Eine Überdosis kann tödlich sein. Wenn dem Körper keine Drogen mehr gegeben werden, setzt der Entzug ein. Dieser kann zu starken körperlichen Schmerzen führen. Es gelingt nur wenigen Menschen, dauerhaft von den Drogen loszukommen.

→ *Gesundheit*, → *Kräuter*

?! **WUSSTEST DU DAS?**

Bei uns sind Rauschgifte wie Alkohol und Nikotin (Zigaretten) für Erwachsene erlaubt. Alle anderen Rauschgifte sind verboten. Für den Verkauf und Genuss dieser Stoffe gibt es hohe Strafen.

Damit Nichtraucher mehr vor dem gesundheitsschädlichen Rauch geschützt werden, wird in den meisten öffentlichen Einrichtungen nicht oder nur noch in besonderen Raucherräumen geraucht.

der **Dschungel**

Ein Dschungel ist ein sehr dichter Urwald in heißen, asiatischen Ländern.

Dort gibt es große Bäume, aber auch dorniges Unterholz. Um es zu durchdringen, braucht man ein großes Buschmesser. Außerdem gibt es Sumpfgebiete, in denen Bambus wächst. Der Dschungel bietet Lebensraum für viele Pflanzen und Tiere. Der Tiger ist durch seine Streifen im Dschungel gut getarnt. Elefanten werden als Arbeitstiere eingesetzt, um Baumstämme aus dem Dschungel herauszuziehen.

→ *Elefant*, → *Regenwald*, → *Tarnung*, → *Tier*, → *Tiger*, → *Wald*

Rudyard Kipling

wurde 1865 in Indien geboren. Er war Journalist und Schriftsteller. 1907 erhielt er den Nobelpreis für Literatur. 1884 und 1895 erschienen die Bände seines Dschungelbuchs. Fast 100 Jahre später stellte Walt Disney dazu einen sehr erfolgreichen Zeichentrickfilm her. Er handelt von Mogli und vielen Tieren, z. B. vom Tiger Sheer Khan, der Schlange Kaa, dem Bären Balu und dem schwarzen Panther Baghira.

Ebbe und Flut

Zweimal täglich im Rhythmus von etwa sechs Stunden steigt und fällt das Wasser an den Meeresküsten. Die Ursache dafür ist der Stand des Mondes, der durch seine Anziehungskraft die Oberfläche des Meeres hebt. Den Höchststand nennt man Flut, den Tiefststand Ebbe. Beides zusammen nennt man die Gezeiten.

Der Unterschied zwischen Ebbe und Flut ist nicht überall gleich groß. An der Ostsee fällt der Meeresspiegel nur um wenige Zentimeter. An der englischen Nordsee-Küste nahe der Stadt Bristol steigt das Meerwasser manchmal jedoch über 12 m an. Auf hoher See sind Ebbe und Flut kaum bemerkbar. Für die Menschen an der Küste ist der Kalender mit den Gezeiten sehr wichtig.

→ *Wasser*, → *Watt*

Ebbe an der Steilküste

Bei Ebbe liegt noch Land frei. Bei Flut steht das Wasser bis zur Steilküste.

das Ehrenamt

Wer freiwillig und ohne Bezahlung eine wichtige, öffentliche Aufgabe übernimmt, übt ein Ehrenamt aus. Er bekommt dafür manchmal als Aufwandsentschädigung seinen Lohnausfall oder die Fahrtkosten ersetzt.

Wer ein Ehrenamt übernimmt, leistet seine Dienste in der Regel bei Vereinen oder öffentlichen Einrichtungen. Das kann die Betreuung alter oder junger Menschen sein, die Teilnahme an Gerichtsverhandlungen, die Mitgliedschaft bei einer Hilfsorganisation, z. B. bei der Freiwilligen Feuerwehr, beim Roten Kreuz oder bei Sportvereinen.

Bürger können sich für öffentliche Ehrenämter freiwillig melden, sie können aber auch für einen bestimmten Zeitraum ernannt werden.

→ *Arbeit*

Ehrenamtliche Helfer vom Technischen Hilfswerk

Bei Katastropheneinsätzen helfen oft ehrenamtliche Helfer mit Suchhunden.

E

das Ei

Ein Ei besteht aus Eiweiß mit dem Dotter und der Keimscheibe, die von einer Schale umschlossen werden. Eier sind wegen ihres hohen Nährwerts eine wichtige Nahrungsquelle.

Die meisten Eier sind oval. Fische, Vögel, Insekten, Reptilien, aber auch Amphibien legen Eier. Sie werden in Nestern ausgebrütet, aber auch als Laich im Wasser abgelegt. Das Hühnerei ist das meist gegessene Ei. Die Eier des Störs, eines Fisches, nennt man Kaviar. Für manche Menschen ist er eine Delikatesse.

→ Amphibien, → Ernährung, → Fisch, → Huhn, → Vogel

das Eis

Eis ist gefrorenes Wasser und bildet sich bei 0 Grad C.

Wenn Wasser gefriert, dehnt es sich aus. Daher können bei Frost mit Wasser gefüllte Rohre platzen. An den Polregionen ragen oft Gletscher ins Meer. Von diesen brechen manchmal Eisbrocken ab und schwimmen als Eisberge im Meer. Diesen Vorgang nennt man Kalben. Aber nur ein kleiner Teil des Eisbergs ragt aus dem Wasser. Der größte Teil ist unter der Wasseroberfläche.

Auf einem See oder Teich bildet sich ab 0 °C von oben nach unten eine Eisdecke. Dadurch können Fische unter dem Eis überleben. Robben und Wale suchen sich Eislöcher, um Luft zu holen, Eisbären warten dort, um zu jagen. Wenn es bei Frost regnet, kann das Wasser auf der Straße zu Eis gefrieren. Dann ist die Straße glatt. Um Unfälle zu vermeiden, wird manchmal Salz gestreut, dadurch schmilzt das Eis wieder.

→ Antarktis, → Fisch, → Gletscher

VERSUCH

Ein Ei ist sehr robust. Die Eierschale kann sehr viel Gewicht tragen. Versuch einmal, wie viele Bücher du auf drei halben Eierschalen stapeln kannst. Schreibe deine Vermutung vorher auf.

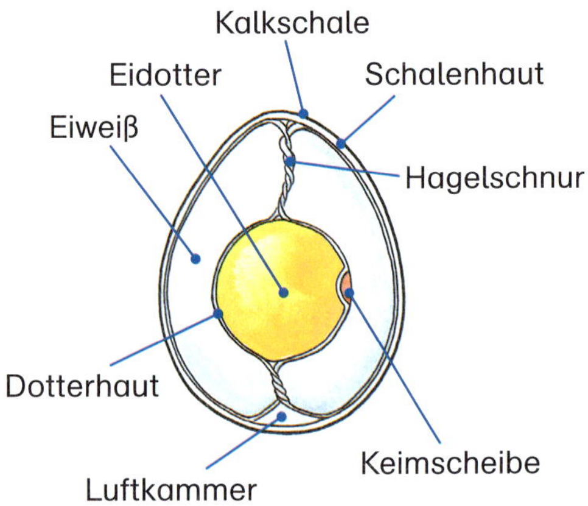

WUSSTEST DU DAS?

Eisberge sind für Schiffe sehr gefährlich. Vor etwa 100 Jahren ist die Titanic – damals das größte Schiff der Welt – nach einer Kollision mit einem Eisberg gesunken.

die **Eisenbahn**

Zum ersten Mal fuhr 1835 in Deutschland eine Eisenbahn von Nürnberg nach Fürth. Sie wurde auf Schienen gezogen von einer Dampflok. Menschen bestaunten sie ängstlich, denn sie fuhr doppelt so schnell wie eine Postkutsche und machte ziemlich viel Lärm.

Die Vorbereitung einer Eisenbahnfahrt dauerte einige Zeit: Zuerst wurden viele hundert Liter Wasser in den Kessel der Dampflok gefüllt. Dann entzündete man ein starkes Kohlenfeuer unter dem Kessel. Wenn das Wasser im Kessel kochte, entstand Dampf. Er setzte die Lok in Bewegung. Während der Fahrt musste der Heizer immer wieder Kohlen ins Feuer nachschaufeln.

Schon 20 Jahre später galt das Reisen mit der Eisenbahn als fortschrittlich und bequem. Immer mehr Schienen wurden verlegt und Bahnhöfe gebaut. Städte waren stolz darauf, jetzt auch eine Bahnstation zu haben. Brücken und Tunnel sorgten für schnelle Verbindungen. Bald wurden nicht nur Personen, sondern auch Güter mit der Eisenbahn befördert.

Heute ist die Eisenbahn eines der modernsten und umweltfreundlichsten Verkehrsmittel. Die Eisenbahnstrecken sind elektrifiziert, d. h., Elektroloks ohne Auspuffgase ziehen die Züge. Güterzüge entlasten den Straßenverkehr. Die Transportkosten sind ziemlich niedrig und Staus gibt es nur bei Streiks und heftigen Unwettern. Täglich benutzen 7 Millionen Menschen einen Zug im Nah- oder Fernverkehr.

Oft werden alte Eisenbahnwaggons wieder in Betrieb genommen, um Touristen zu befördern. Oder es fahren alte Dampfloks in Ausflugsgebieten, wie der „Rasende Roland“.

→ *Auto*, → *Dampfmaschine*, → *Tunnel*, → *Verkehr*

Eisenbahnen überall

Adlerlokomotive – erste Eisenbahn in Deutschland

Höchste Eisenbahn der Welt in Tibet

Steilste Zahnradbahn bei Luzern

ICE – schnellster Zug in Deutschland

E

der **Elch**

Der Elch ist der größte Hirsch. Er lebt im kalten Norden von Europa, Asien und Amerika, wo es Wälder, Sümpfe und Seen gibt.

Er kann gut schwimmen und ist im Wasser vor Mücken geschützt. Elche ernähren sich von Rinde, Seerosen, Zweigen, Gräsern und Flechten, die im Winter und sogar auf Felsen wachsen. Elche haben ein sehr dichtes Fell, das sie gut vor der Kälte und dem Schnee schützt. Sie können sehr gut riechen. Dadurch können sie Nahrung erriechen, aber auch ihre Feinden wie Bären und Wölfe und dann fliehen.

→ *Amerika: Nordamerika,* → *Asien,* → *Europa,* → *Wald*

Nur männliche Elche haben ein Geweih, das bis zu 2 m breit sein kann. Die größten Elche werden 3 m hoch und fast 900 kg schwer.

der **Elefant**

Elefanten sind die größten landlebenden Tiere. Sie leben in der Savanne oder im Regenwald.

Die afrikanischen Elefanten werden noch größer als die asiatischen Elefanten. Auch haben sie viel größere Ohren, mit denen sie sich Luft zuwedeln. Elefanten haben einen langen Rüssel. Mit ihm können sie 10 l Wasser auf einmal aufsaugen, um es sich ins Maul zu spritzen. Sie baden gerne, um sich abzukühlen. Dabei nutzen sie ihren Rüssel als Schnorchel. Mit dem Rüssel pflücken sie Nahrung ab. Diese besteht aus Zweigen, Früchten, Blättern und Gräsern. Mit ihren Stoßzähnen entrinden Elefanten Bäume oder sie setzen sie als Waffen ein. Sie haben nur wenige Feinde, dennoch können Löwen oder Tiger ihre Jungtiere reißen. Elefanten leben in Herden zusammen, die von Weibchen angeführt werden. Die Jungtiere werden gesäugt.

→ *Afrika,* → *Asien,* → *Dschungel,* → *Savanne*

?! **WUSSTEST DU DAS?**

Afrikanische Elefanten können 5000 kg schwer und bis zu 4 m groß werden. Der Schwanz ist 1 m lang.

Das Kalb wiegt bei der Geburt etwa 100 kg. Es ist fast 2 Jahre lang im Bauch der Mutter.

Elefanten sind bis zu 17 Stunden am Tag mit Fressen beschäftigt. Sie brauchen bis zu 200 kg Pflanzen, dazu über 100 l Wasser.

die **Elektrizität**

Heute ist Elektrizität aus unserem Leben nicht mehr fortzudenken. Erst wenn der Strom mal ausfällt, wird uns bewusst, wie viele elektrische Geräte wir benutzen. Das Zimmer bleibt dunkel, der Fernseher auch, die Kaffeemaschine läuft nicht, die Kartoffeln kochen nicht, das Duschwasser wird nicht warm, die Türklingel klingelt nicht, Radio und CD-Player spielen nicht und Papa bleibt unrasiert.

Bei der ersten Elektrizitätsausstellung 1881 in Paris war das noch ganz anders: Nichts war alltäglich und selbstverständlich. Elektrizität war neu und eine Sensation. Es wurden die ersten Glühlampen von Thomas Alva Edison ausgestellt, elektrische Arbeitsmaschinen, Straßenbahnen und Telegrafen (das waren Vorläufer heutiger Faxgeräte). Rasch entwickelten sich viele Anwendungen in den Fabriken: Elektromotoren lösten nach und nach die riesigen, qualmenden und lärmenden Dampfmaschinen ab. Es wurden für den Handwerker Bohrmaschinen, Sägen und viele andere Werkzeuge entwickelt. Viele Geräte von Krankenhäusern und Ärzten zur Feststellung und Heilung von Krankheiten brauchen Strom.

Auch in die Haushalte zog die Elektrizität ein. Sie entlastete die Menschen von vielen schweren und zeitraubenden Tätigkeiten.
Bald gab es elektrische Staubsauger, Bügeleisen, Mixer, Waschmaschinen, Herde.

Die meisten Kommunikationsmedien, die wir heute haben, brauchen Strom: Radios, Fernsehgeräte, Computer, CD-Player, Telefon und Internet.

→ *Dampfmaschine*, → *Energie*, → *Glühlampe*, → *Industrie*, → *Kraftwerk*

Werner von Siemens

Die Firma Siemens ist heute in der ganzen Welt tätig. Sie wurde vor etwa 150 Jahren von Werner von Siemens in Berlin gegründet. Er hat sein ganzes Leben lang Probleme der Elektrotechnik bearbeitet und entsprechende Produkte hergestellt. Er ließ z.B. die erste elektrische Straßenbeleuchtung in Deutschland bauen, stellte den ersten elektrischen Aufzug her und die erste elektrische Lokomotive.

VERSUCH

Baue mit Batterien diese zwei Schaltungen. Vergleiche.

Überlege, wie die Lampen in einer Wohnung geschaltet sind.

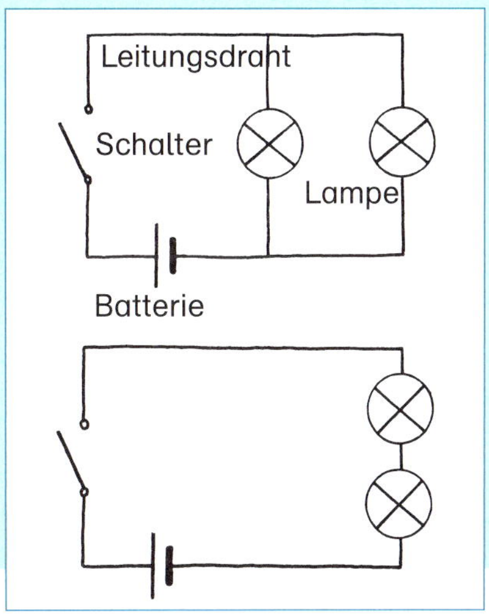

E

die **Energie**

So wie Menschen und Tiere Energie brauchen, um sich zu bewegen, so brauchen Maschinen Energie, um arbeiten und funktionieren zu können. Während wir uns Energie aus der Nahrung holen, benötigen Maschinen eine Energiequelle, die ihnen Kraft liefert. Dies sind z. B. Steinkohle, Braunkohle, Erdöl, Erdgas oder Uran für die Atomkraftwerke.

Diese Energiequellen sind aber nur begrenzt vorhanden und der Bedarf steigt ständig. Deshalb erprobt man immer mehr erneuerbare Energiequellen, wie z. B. Windenergie, Wasserkraft, Erdwärme, Sonnenenergie. Mit der erzeugten Energie können Wärme, Kälte und Licht hergestellt werden und Maschinen und Fahrzeuge aller Art in Bewegung gesetzt werden.

→ *Elektrizität*, → *Kraftwerk*, → *Licht*, → *Maschine*

der **Entdecker**

Ein Entdecker hat etwas gefunden oder festgestellt, was zwar schon da, aber noch nicht bekannt war. Das ist z. B. ein neues Land, ein Himmelskörper, eine Tier- oder Pflanzenart, ein Mineral oder Fossil oder eine antike Stätte.

Mit jeder Entdeckung erweitert sich das Bild der Welt für den Menschen. Als die Menschen entdeckten, dass die Erde keine Scheibe, sondern eine Kugel war, wurden die Seefahrer ermuntert, rund um die Erde zu segeln. Dabei entdeckten sie neue Seewege, Länder und Erdteile.
In unseren Tagen begann die Entdeckung des Weltraums. Wir wissen noch nicht, was uns diese Entdeckungen bringen.

→ *Australien*, → *Erde*

Howard Carter

Der Engländer Sir Howard Carter hat 1912 in Ägypten das Grab des Pharaos Tutenchamun entdeckt. Er fand unter anderem die sehr wertvolle Totenmaske.

die **Erde**

Die Erde und sieben andere Planeten kreisen um die Sonne. Die Erde benötigt dafür ein Jahr. Sie dreht sich dabei täglich einmal um sich selbst. Die Erde ist weder der kleinste noch der größte der acht Planeten. Aber sie ist trotzdem ein ganz besonderer Planet: Nur auf der Erde leben Menschen, Tiere und Pflanzen. Hier gibt es Sauerstoff zum Atmen und nur hier herrschen menschenfreundliche Temperaturen.

Die Erde ist fast eine Kugel, nur an den Polen ist sie ganz wenig abgeflacht. Der Umfang dieser Kugel beträgt etwa 40 000 km und wird Äquator genannt.

Etwa zwei Drittel der Erde sind vom Wasser bedeckt. Die Erde hat einen flüssigen, heißen Kern. Darüber liegt ein heißer Erdmantel aus glühendem **Gestein**. Dies tritt bei einem Vulkanausbruch an die Oberfläche. Ganz außen ist die Erdkruste, auf der wir leben. Im Verhältnis zur ganzen Erdkugel ist die Erdkruste sehr dünn, nämlich im Durchschnitt nur etwa 100 km dick. Wenn man es vergleichen will, ist die Erdkruste etwa so dick wie die Gummihülle eines aufgeblasenen Luftballons.

→ *Äquator*, → *Jahr*, → *Vulkan*, → *Wasser*

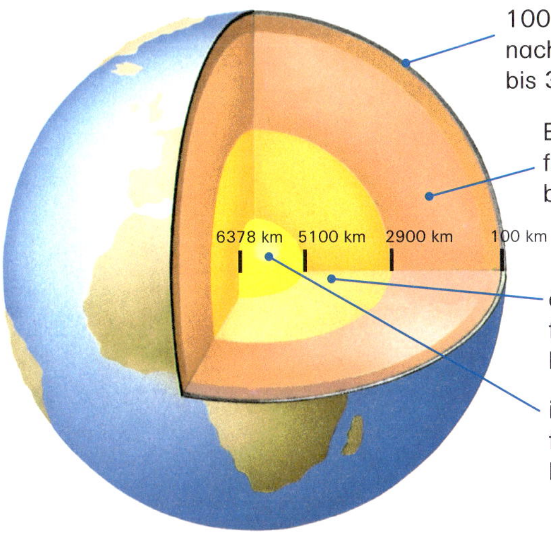

Astronauten sehen die Erde

Die ersten Astronauten, die in den Weltraum flogen, waren begeistert, als sie von oben die Erde als blauen Planeten im Weltraum schweben sahen.

Sigmund Jähn, der erste deutsche Kosmonaut, schwärmte im All:

„Dann erlebte ich die totale Glückseligkeit: Unsere Erde, in leuchtendes Blau gehüllt. Einfach traumhaft."

Und der amerikanische Astronaut Edgar Mitchell berichtete nach seinem Flug zum Mond: „Plötzlich taucht hinter dem Rand des Mondes ein funkelndes blau-weißes Juwel auf, eine helle, zarte, himmelblaue Kugel, umkränzt von langsam wirbelnden weißen Schleiern. Allmählich steigt sie wie eine kleine Perle aus dem tiefen Meer empor – unergründlich und geheimnisvoll. Du brauchst eine Weile, um zu begreifen, dass es die Erde ist, unsere Heimat."

E

das **Erdöl**

Erdöl ist für unser heutiges Leben sehr wichtig und wertvoll. Es wird deshalb auch flüssiges Gold genannt. Erdöl ist wie Kohle vor Millionen Jahren aus abgestorbenen Meerespflanzen und Lebewesen entstanden.

Es gibt Erdölfelder auf dem Land oder unter dem Meeresboden. Auf dem Land fördert man Öl mit Türmen, im Meer mit schwimmenden Ölplattformen. In Deutschland gibt es nur ganz geringe Erdölvorkommen. Der größte Erdölproduzent ist Saudi-Arabien. Aber auch Libyen, Venezuela, Russland und der Iran produzieren und exportieren große Mengen.

Im jetzigen Jahrhundert werden wohl die Erdölvorräte zu Ende gehen. Das hat für die Menschheit viele Folgen. Erdöl wird ja nicht nur als Treibstoff für Autos und zum Heizen gebraucht. Erdöl ist gleichzeitig der Rohstoff für Tausende von Produkten unseres Alltags: für Textilien, Reifen, Dünger, Waschmittel, Kunststoffe, Kosmetikartikel, Medikamente und noch vieles mehr.

Als Kohle und Erdöl entstanden sind, hat sich auch **Erdgas** gebildet. Es hat sich oft über dem Erdöl abgelagert. Auch Erdgas wird mit Bohrtürmen und Plattformen an Land oder auf See gefördert. Die größten Vorräte liegen wohl im Norden Russlands, in Sibirien. Erdgas wird genau wie Erdöl durch Tankschiffe, aber vor allem durch Pipelines bis zu uns transportiert. Wir verwenden es in Kraftwerken zur Gewinnung von Strom und Wärme und in Haushalten.

→ *Energie*, → *Industrie*, → *Kohle*, → *Kraftwerk*

Bohrturm an Land

Ölplattform im Meer

die **Ernährung**

Um gesund zu bleiben, braucht der menschliche Körper eine gesunde und vielseitige Ernährung. Ohne Ernährung könnte der Körper nicht wachsen, sich nicht bewegen, atmen oder die Körperwärme aufrechterhalten.

Zu einer gesunden Ernährung gehören verschiedene Bestandteile: Fisch, mageres Fleisch⑤, Milchprodukte④, viel Obst③ und Gemüse② und Vollkornprodukte①. Außerdem sollte man viel trinken⑦, also etwa 1–2 Liter am Tag. Am besten geeignet sind Wasser, ungesüßter Tee oder Saftschorlen. Fette⑥ sollte man sparsam zu sich nehmen.

Eiweiße bauen die Zellen und das Gewebe auf. Sie sind in Eiern, Milchprodukten, Fleisch und Fisch enthalten.
Kohlenhydrate sind in stärkehaltigen Nahrungsmitteln wie Getreideprodukten, Reis, Nudeln oder Kartoffeln. Sie liefern dem Körper wichtige Energie. Kohlenhydrate sind auch in Zucker enthalten. Dieser liefert jedoch nur kurzfristig Energie und sollte daher in kleinen Mengen genossen werden, da er bei übermäßigem Verzehr auch dick machen kann.
Fette werden als Energiereserve in Form von Fettpolstern im Körper gesammelt. Daher sollte man wenig Fette essen, wie sie in Öl, Butter, Sahne, Käse, Wurst, Fleisch und Nüssen vorkommen.
Obst und Gemüse sollte man mehrmals täglich essen, da sie **Vitamine**, **Ballaststoffe** und **Mineralien** enthalten, die für die Gesundheit und das Wachstum wichtig sind. Die Ballaststoffe unterstützen die Verdauung.

→ Gemüse, → Getreide, → Mensch, → Obst, → Zucker

Ernährungskreis der Deutschen Gesellschaft für Ernährung

VERSUCH

Reibe eine Kartoffel. Lege den Brei in ein Tuch und presse den Kartoffelsaft kräftig aus. Gib den Saft in ein Glas. Fülle ein zweites Glas mit Wasser. Kontrolliere beide Gläser am nächsten Tag. Was fällt auf?

Europa

Europa wird begrenzt durch das Nordmeer, den Atlantik und das Mittelmeer. Im Osten grenzt es an Asien. Man hat festgelegt, dass das Uralgebirge in Russland die Grenze zu Asien ist.

In keinem anderen Erdteil gibt es so viele Staaten wie in Europa, nämlich 46. Hier werden über 60 verschiedene Sprachen gesprochen. Russland und die Türkei gehören mit ihrem größeren Landesteil zu Asien.

Europa ist ein ziemlich kleiner Erdteil, aber er ist sehr dicht besiedelt.

Viele Jahrhunderte lang war Europa ein Kontinent, auf dem ständig Krieg herrschte. Nach dem letzten Krieg herrscht seit 1945 weitgehend Frieden zwischen den Völkern. Es gibt nur einige wenige regionale Ausnahmen.

Zunächst haben sechs europäische Länder eng zusammengearbeitet. Deutschland gehörte dazu. Dann wurde 1992 die **Europäische Union (EU)** gegründet. Zwölf Länder haben sich damals mit einem Vertrag zu einer friedlichen Zusammenarbeit verpflichtet. Das Europa-Parlament sitzt in Brüssel. Nach und nach wurden immer mehr Länder in die EU aufgenommen. Seit 2007 hat die EU 27 Mitgliedsstaaten. Viele Staaten haben seit 2002 den Euro als gemeinsame Währung. Die EU hat eine gemeinsame blaue Flagge mit einem Kranz von 12 gelben Sternen.

EU-Flagge

Euro

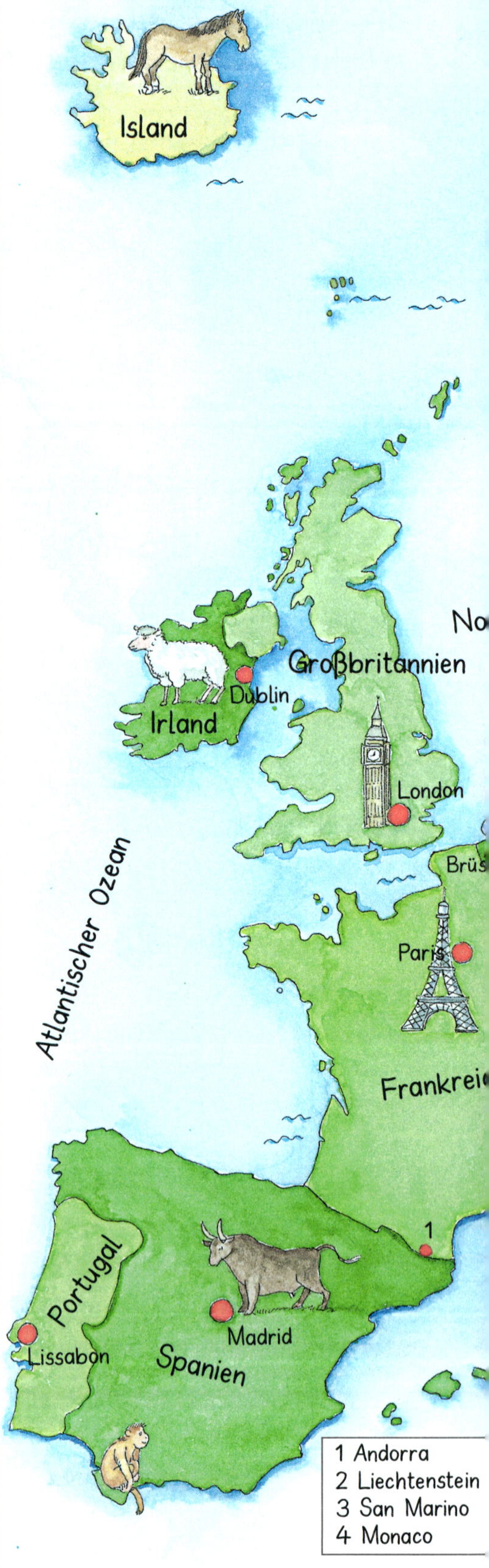

→ Asien

Die größten Städte sind Moskau mit 10,4 Millionen Einwohnern und Istanbul mit 10 Millionen.

Der längste Fluss ist die Wolga in Russland mit 3530 km.

Der höchste Berg ist der Montblanc in den französischen Alpen mit 4808 m.

Die größte Insel ist Großbritannien.

Der nördlichste Punkt Europas liegt in Norwegen.

Der südlichste Punkt Europas ist eine griechische Insel im Mittelmeer.

Das größte Gebirge sind die Alpen, die sich durch mehrere Länder ziehen, z. B. Frankreich, Schweiz, Italien, Deutschland, Österreich.

Das größte Land Europas ist Russland. Ein noch größerer Teil Russlands gehört allerdings zu Asien.

Der kleinste Staat Europas ist der Vatikan. Er ist eigentlich ein ganz kleiner Stadtteil der italienischen Hauptstadt Rom.

die **Evolution**

Die Erde mit ihren Pflanzen, Tieren und Menschen war nicht immer so, wie sie heute ist. In vielen Milliarden Jahren hat sich ganz allmählich das Leben auf der Erde entwickelt. Es hat sich jeweils den veränderten Bedingungen angepasst.

Diese Entwicklung nennt man Evolution. Auch Menschen haben eine solche Entwicklung durchgemacht. Dies weiß man durch die verschiedensten Knochenfunde von frühen Menschen.

→ *Entdecker,* → *Steinzeit*

Charles Darwin

Der britische Naturforscher Charles Darwin untersuchte um 1860 vor allem in Südamerika Pflanzen und Tiere. Dabei erkannte er, dass sich Lebewesen über sehr viele Jahrtausende entwickelt haben. Er behauptete auch als Erster, dass der Mensch eng verwandt ist mit Affenarten.

das **Experiment**

Durch ein Experiment kannst du selbst etwas erfahren und herausfinden. Dazu gehören wichtige Schritte.

1. **Ein Problem sehen und dazu Fragen stellen**
2. **Vermutungen äußern**
3. **Einen Versuch planen zum Überprüfen der Vermutungen**
   Festlegen von Zeit, Ort, Material und Arbeitsschritten
4. **Den Versuch durchführen**
   a) Ausführen
   b) Beobachten
   c) Notieren, Zeichnen
5. **Den Versuch auswerten**
   a) Formulieren der Ergebnisse
   b) Besprechen der Ergebnisse
   c) Vergleich mit der Vermutung
   d) Kontrollversuche
   e) Anwendung der Ergebnisse

das **Fahrrad**

Ein Fahrrad ist heute das erste Verkehrsmittel, das Kinder unabhängig mobil macht. Sie können damit Besorgungen machen, Freunde besuchen, die Umgebung erkunden.

Vor etwa 150 Jahren war das noch anders. Aus der ersten Laufmaschine des Freiherrn von Drais wurden verschiedene kuriose Fahrräder entwickelt. Aber das um 1890 entwickelte „Sicherheitsrad“ hatte schon große Ähnlichkeit mit dem heutigen. Zunächst war Radfahren ein teurer Sport für mutige junge Männer. Sie trugen besondere Kleidung: kurze Jacke, Knickerbockerhosen, flache Schuhe und meist einen Hut. Heute ist das Fahrrad das empfohlene Verkehrsmittel der Umweltschützer, weil es keinen Treibstoff verbrennt.

→ *Umweltschutz*

Das verkehrssichere Fahrrad

die **Feder**

Nur Vögel haben Federn. Sie bedecken den Körper, bilden die Flügel und den Schwanz.

Sie schimmern farbig und geben jeder Vogelart ihr besonderes Aussehen. Sie haben in der Regel drei Federarten: längere, steife Deckfedern sitzen oft auf dem Rücken. Kurze, weiche Daunen sitzen darunter und wärmen vor allem am Bauch. Die Schwungfedern bilden die Flügel und halten den Vogel in der Luft. Die Schwanzfedern steuern und bremsen bei der Landung. Jedes Jahr erneuern sich die Federn des Vogels.

Menschen haben große Federn früher als Schmuck und als Schreibfedern gebraucht. Die weichen Daunen von Enten und Gänsen werden für Federbetten und warme Kleidung verwendet.

→ *Vogel*

VERSUCH

Tauche eine Feder in ein Glas Wasser. Beobachte, was geschieht. Wasche dann die Feder mit Spülmittel und tauche sie danach wieder in Wasser. Wie erklärst du dir den Unterschied?

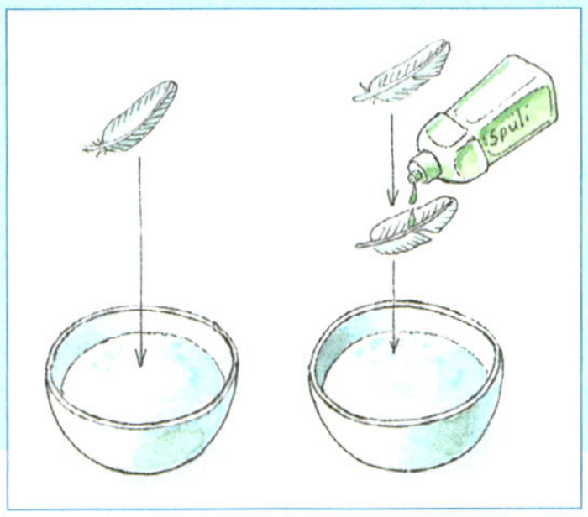

F

das **Feedback**

Ein Feedback soll helfen bei der Zusammenarbeit mit anderen. Deshalb soll die Rückmeldung ehrlich sein. Es soll keine Schmeichelei sein, darf aber auch niemanden verletzen.

Gelegenheiten für ein Feedback:

nach einem Vortrag
nach einer Theateraufführung
nach einem Spiel
nach einer Ausstellung
nach einer Einladung
nach einer Schulhofaktion
nach einer Lesung
...

das **Feuer**

Bei einem Feuer wird unter Flammen- oder Glutbildung etwas verbrannt. Dabei werden Licht und Wärme abgegeben.

Damit ein Feuer entstehen kann, benötigt man einen Brennstoff, Sauerstoff aus der Luft und Wärme. Damit ein Feuer gelöscht werden kann, muss versucht werden, dem Feuer den Brennstoff, die Temperatur oder den Sauerstoff zu entziehen. In der Steinzeit haben Menschen das Feuer genutzt, um sich zu wärmen, um Essen zuzubereiten oder um wilde Tiere zu vertreiben. Auch heute noch nutzen Menschen das Feuer für viele Dinge: um zu grillen, um damit einen Kamin zu heizen, um in Müllverbrennungsanlagen Müll zu verbrennen. Feuer kann auch eine zerstörerische Wirkung haben, wenn ein Brand außer Kontrolle gerät und Menschen, Tiere, Häuser und Hab und Gut bedroht.

Zerstörerische Wirkung des Feuers

Stockbrot am Lagerfeuer backen

→ *Feuerwehr*, → *Steinzeit*, → *Tier*

die **Feuerwehr**

Wenn ein Feuer ausbricht, benachrichtigt man unter 112 die Feuerwehr. Sie rückt dann mit Einsatzfahrzeugen aus und versucht, Menschen, Tiere und Sachen zu retten und das Feuer unter Kontrolle zu bringen.

Die Aufgaben der Feuerwehr sind aber vielfältiger. Auch bei Unfällen kommt sie mit schwerem Gerät und hilft, z.B. Verletzte aus Autowracks zu schneiden. Sie hat bei Überschwemmungen oder Stürmen Einsatz. Die Feuerwehr hat daher viele Spezialgeräte: Kräne, Hubfahrzeuge mit langen Drehleitern, um Menschen aus der Höhe zu retten, Löschfahrzeuge mit Pumpen, Schläuchen und Tanks und natürlich Schutzkleidung. Es gibt eine Berufsfeuerwehr, aber auch eine Freiwillige Feuerwehr.

→ *Beruf,* → *Ehrenamt,* → *Feuer*

?! **WUSSTEST DU DAS?**

Wichtigste Aufgabe der Feuerwehr ist das Retten. Daher muss jeder Feuerwehrmann eine Ausbildung zum Sanitäter haben, um Erste Hilfe leisten zu können.

Diese Bilder zeigen die Aufgaben der Feuerwehr: Retten, Bergen, Schützen, Löschen.

der **Film**

Vor etwa 120 Jahren begannen die Bilder „zu laufen“. Damals luden die Brüder Lumiére in Paris zu den ersten Filmen ein. Jeder Film dauerte nur eine Minute und ein Schauspieler sprach dazu. Die neue Erfindung bekam den griechischen Namen Kinematografie. Später nannte man den Ort, wo die Filme gezeigt wurden, Kino.

Wenn Bilder in schneller Reihenfolge ablaufen, erkennt unser Auge keine einzelnen Bilder. Sie fließen zu einer Bewegung zusammen. Wir sehen einen Film. Dazu müssen aber etwa 24 Bilder in einer Sekunde ablaufen. Bei einem Zeichentrickfilm müssen für jede Sekunde Film 24 Bilder gezeichnet werden.

→ *Medien*

VERSUCH

Mit einem Daumenkino kann man auch aus einzelnen Bildern einen ganz kurzen Film herstellen. Zeichne auf vielen kleinen Blättern etwas, was sich immer ein bisschen verändert. Lege die Blätter genau übereinander. Hefte sie. Blättere sie mit dem Daumen durch.

der **Fisch**

Fische gehören mit zu den ältesten Tieren der Erde. Sie sind gut an das Leben in Süßwasser oder Salzwasser angepasst.

Schuppen bedecken die Haut und bilden eine glatte Oberfläche. Die Schwanzflosse sorgt für den Antrieb, also die Vorwärtsbewegung. Die schlängelnde Bewegung wird durch die Wirbelsäule ermöglicht, die zwar fest, aber doch sehr biegsam ist. Mit den anderen Flossen halten Fische das Gleichgewicht und bestimmen die Richtung. Eine Schwimmblase dient dem Auftrieb. Man unterscheidet zwischen Friedfischen und Raubfischen. Friedfische ernähren sich in der Regel von Pflanzen. Viele Fische sind vom Aussterben bedroht, teils durch die Verschmutzung der Gewässer, teils durch die Überfischung.

→ *Ei*, → *Tier*

Raubfisch und Friedfisch

Der Karpfen ist ein Friedfisch.

Der Hecht ist ein Raubfisch.

die **Flagge**

Im Mittelalter erkannten sich die Ritter und ihre Kämpfer an den Wappen ihrer Schilde, aber auch an den Fahnen, die sie mitführten. Oft waren es Fahnen mit einem Kreuz.

Aus dieser Zeit stammen auch die beiden ältesten europäischen Nationalflaggen, nämlich die von Dänemark und der Schweiz.
Heute haben alle Staaten, oft auch Gemeinden und Organisationen eine Flagge. An staatlichen Feiertagen weht an öffentlichen Gebäuden die Nationalflagge. Bei Trauerfällen von hohen Politikern wird die Flagge nur halb hochgezogen. Flaggen haben oft eine symbolische Bedeutung. Eine weiße Flagge wurde in Kriegen gezeigt, um sich zu ergeben und den Kampf zu beenden.

→ *Mittelalter*, → *Wappen*

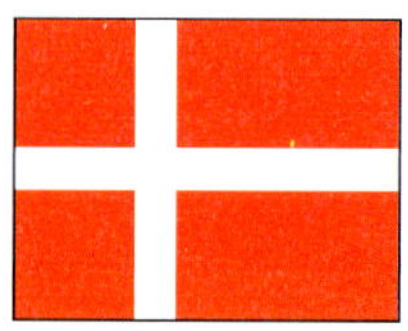

Dänemark hat die älteste Nationalflagge, Danebrog genannt.

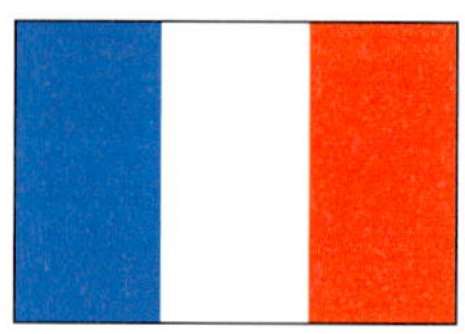

Frankreichs Flagge wird Trikolore genannt, weil sie drei Farben hat.

Südafrika und viele der neuen Staaten Afrikas haben sehr farbenfrohe Flaggen.

das **Flugzeug**

Ballone und Luftschiffe fliegen, weil sie mit Gas gefüllt leichter als Luft sind. Ein Flugzeug ist aber deutlich schwerer als Luft. Es nutzt zum Fliegen verschiedene Kräfte.

Da ist einmal der **Vortrieb**, der das Flugzeug nach vorne treibt. Dies wird durch die Propeller oder durch die Düsen erreicht. Die zweite wichtige Kraft ist der **Auftrieb**. Er hebt das Flugzeug und hält es in der Luft. Der Auftrieb wird besonders durch die Form der **Tragflächen** erzeugt. Sie sind leicht nach oben gewölbt. Dadurch strömt die Luft schneller über die Tragfläche als darunter her. Der **Luftdruck** ist dann oben kleiner als unter der Tragfläche. Dabei entsteht ein Auftrieb, der das Flugzeug trägt. Heute versteht man es auch, den Rumpf des Flugzeugs so zu bauen, dass er dem Flugzeug auch Auftrieb gibt.

Am Flughafen haben einige Gebäude englische Namen. Das Hauptgebäude heißt **Terminal**. Die Ankunft wird Arrival genannt, den Abflug nennt man Departure. Im **Tower** sitzen die Fluglotsen, die den Flugverkehr überwachen und regeln.

Stationen der Flugzeug-Geschichte

1903, Brüder Wright, erster Motorflug

1932, Ju 52, erstes Linienflugzeug

2008, die A380, das größte Passagierflugzeug

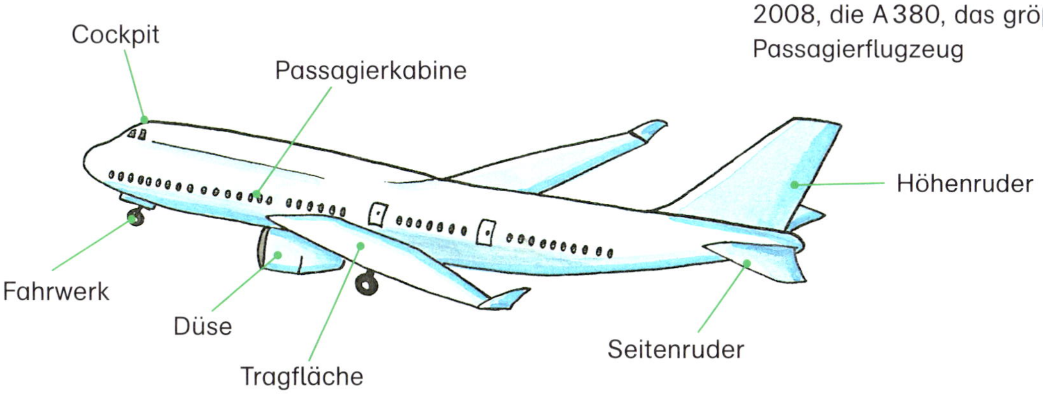

→ *Luft*, → *Rakete*

F

die **Fortpflanzung**

Alle Lebewesen haben den Drang, sich fortzupflanzen, weil die Art erhalten bleiben sollte. Das ist so bei Menschen, Tieren und Pflanzen. Aus jedem Lebewesen entsteht in der Regel nur immer ein Lebewesen derselben Art: ein Hund vermehrt sich als Hund, eine Tulpe als Tulpe, ein Mensch als Mensch.

Es gibt eine geschlechtliche und eine ungeschlechtliche Fortpflanzung. Eine ungeschlechtliche Fortpflanzung gibt es vor allem bei Pflanzen, z.B. bei Stecklingen. Ein Zweig vom Fleißigen Lieschen kann in die Erde gesteckt werden. Er wurzelt und wächst ohne Befruchtung zu einer neuen Pflanze. Die meisten Blütenpflanzen, Tiere und natürlich Menschen pflanzen sich geschlechtlich fort. Das bedeutet, dass eine männliche Samenzelle und eine weibliche Eizelle sich vereinigen.

So treibt z.B. ein Kirschbaum **Blüten**. Eine Biene bestäubt die Blüte. Dabei trägt sie Blütenstaub (männlich) zu einem Stempel (weiblich). Daraus entsteht eine Frucht, nämlich eine Kirsche. Aus dem Kern der Kirsche kann wieder ein neuer Kirschbaum entstehen.

Ähnlich ist es bei den meisten Tieren und beim Menschen. Auch hier befruchtet männlicher Samen eine weibliche Eizelle. Daraus entwickelt sich ein neues Lebewesen. Beim Menschen nennt man diesen Vorgang Geschlechtsverkehr. Der männliche Samen tritt aus dem Penis heraus, gleitet durch die Scheide zu einem weiblichen Ei. Bei einer Befruchtung wächst im Bauch der Frau in der Gebärmutter ein neuer Mensch heran.

→ *Mensch*, → *Schwangerschaft*, → *Sexualität*

Vermehrungsarten

Wenn man Pflanzen durch Stecklinge, Ableger oder Ausläufer vermehrt, spricht man von einer ungeschlechtlichen Vermehrung.

Wenn Pflanzen sich durch Befruchtung und Samen vermehren, spricht man von einer geschlechtlichen Vermehrung. Dies ist z.B. der Fall bei den meisten Früchten und Blumen.

die **Freiheit**

Unter Freiheit versteht man das Fehlen von Zwängen. Jeder Mensch kann dann selber bestimmen, was er tun möchte und was nicht.

Allerdings muss jeder dabei auch an die Freiheit der anderen Menschen denken und Rücksicht nehmen. Außerdem müssen Regeln und Gesetze beachtet werden. In Deutschland hat jeder Mensch das Recht, frei seine Regierung und seine Religion zu wählen und frei seine Meinung zu sagen. Staaten, die den Menschen keine persönlichen Freiheiten lassen, nennt man Diktaturen. Dort setzen manche Menschen ihr Leben ein, um für die Freiheit zu kämpfen.

→ *Demokratie*, → *Menschenrechte*, → *Toleranz*

Freiheitsstatue

In New York erinnert die Freiheitsstatue seit 1896 an den hohen Wert der Freiheit.

die **Freizeit**

Die Freizeit ist die Zeit, die zur freien Verfügung steht. Im Gegensatz zu Arbeit und anderen Verpflichtungen dient die Freizeit der Entspannung und Erholung.

In der Freizeit kann man Aktivitäten nachgehen, die man besonders gerne macht und die in der Schule oder bei der Arbeit oft zu kurz kommen. Viele Menschen haben ein Hobby, das sie in ihrer Freizeit ausüben. Das können verschiedene Tätigkeiten sein, z.B. im Chor singen, im Verein Sport treiben, im Garten arbeiten oder ein Buch lesen. Ferien gehören auch zur Freizeit. Viele Familien können dann gemeinsam in den Urlaub fahren. Früher hatten die Menschen fast keine Freizeit. Die Arbeit war hart und dauerte sechs Tage in der Woche von Sonnenaufgang bis zum Sonnenuntergang. Oft galten diese Arbeitszeiten sogar für Kinder.

→ *Arbeit*, → *Spiel*, → *Sport*

Freizeitbeschäftigungen

Manche Freizeitbeschäftigungen machen Spaß, kosten aber etwas.

Andere Freizeitbeschäftigungen kosten nichts und machen Spaß.

G

das **Gas**

Alle Stoffe können verschiedene Formen annehmen. Sie können fest, flüssig oder gasförmig sein.

Unter 0 °C ist Wasser gefroren, also ein fester Stoff. Zwischen 0 und 100 °C ist es flüssig. Über 100 °C verdampft das Wasser. Es ist dann nicht weg. Die Wasserteilchen sind nun gasförmig als Dampf in der Luft.

Viele Gase wechseln unter verschiedenen Bedingungen ihren Zustand. Unter Druck oder Abkühlung können sie flüssig werden. Dies ist der Fall bei Propangas, mit dem man Campingkocher betreibt. Erdgas, das im Haus aus der Leitung kommt, brauchen wir zum Kochen und Heizen. Die Luft, die wir atmen, ist ein Gemisch von Gasen: Stickstoff, **Sauerstoff**, Kohlendioxid und andere.

→ *Luft*, → *Temperatur*, → *Wasser*

VERSUCH

Gieße Sprudelwasser in ein Glas. Decke es schnell zu. Hebe dann den Deckel hoch und halte ein brennendes Streichholz über das Wasser.

das **Gebirge**

Sind mehrere Berge miteinander verbunden und gehören zusammen, spricht man von einem Gebirge. Gebirge haben einen Fuß in der Ebene und einen Gipfel als höchsten Punkt.

Hohe, zusammenhängende Teile nennt man Rücken oder Kamm, niedrigere Teile am Rücken werden Pass genannt. Große Hochgebirge sind in Europa die Alpen, in Nordamerika die Rocky Mountains, in Südamerika die Anden und in Asien der Himalaya. Gebirge entstanden vor vielen tausend Jahren durch Faltungen der Erdkruste. Als von zwei Seiten ein Druck entstand, schob sich der mittlere Teil hoch. Viele Gipfel sind mit Gletschern und Schnee bedeckt.

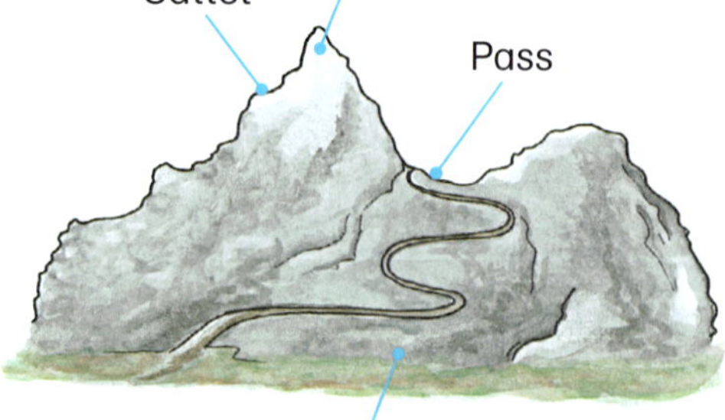

→ *Deutschland*, → *Europa*, → *Gletscher*, → *Klima*, → *Luft*

das **Geld**

Geld ist ein Zwischentauschmittel, d. h. mit dem verdienten Geld alleine kann man nicht viel anfangen. Erst wenn es in Lebensmittel oder Ähnliches getauscht wird, ist es nützlich.

Früher wurde Ware gegen Ware getauscht, dies war jedoch nicht immer möglich oder auch ungerecht. Später nutzte man Gold- und Silbermünzen zum Bezahlen. Da Münzen schwer sind, wurden Scheine eingeführt.

Unser heutiges Geld ist der Euro. Es gibt Euro- und Centmünzen und Euroscheine aus Papier. Damit das Geld nicht nachgemacht werden kann, enthält es viele Sicherheitsmerkmale wie Wasserzeichen oder eingearbeitete Metallfäden. Heute kann man auch bargeldlos mit Schecks oder EC- und Kreditkarten aus Plastik bezahlen.

→ *Europa*

?!

WUSSTEST DU DAS?

In vielen Ländern Europas kann man ebenfalls mit dem Euro bezahlen. Die Bildseiten der Euro- und Centmünzen sind in jedem Land anders.

Bis zum Jahr 2002 wurde in Deutschland mit DM (Deutsche Mark) und Pfennigen bezahlt.

das **Gemüse**

Gemüse ist ein pflanzliches Nahrungsmittel. Es enthält viele wichtige Vitamine und Ballaststoffe und ist daher sehr gesund.

Es gibt Gemüse frisch, in Dosen oder aus der Tiefkühltruhe zu kaufen. Die Teile des Gemüses, die gegessen werden können, sind verschiedenartig: Wurzeln, Blätter, Blüten, Stängel oder Früchte. Bei der Zubereitung gibt es ebenfalls Unterschiede. Viele Gemüsesorten schmecken roh und gekocht, z. B. Möhren oder Paprika. Bohnen müssen erst gekocht werden, Salat schmeckt nur roh. Oft wird Gemüse mit Kräutern gewürzt.

→ *Ernährung*, → *Kartoffel*, → *Kräuter*, → *Pflanze*, → *Vegetarier*

Obst und Gemüse

Es gibt keine eindeutige Unterscheidung zwischen Obst und Gemüse. Eine Erklärung ist z. B.: Gemüse wird im selben Jahr geerntet, in dem es gesät bzw. gepflanzt wurde. Danach stirbt die Pflanze ab. Obst reift dagegen jedes Jahr neu an derselben Pflanze.

G

die **Germanen**

Etwa im Gebiet des heutigen Deutschlands lebten früher die Germanen. Dazu gehörten mehr als 100 verschiedene Stämme wie die Goten, Vandalen, Teutonen, Friesen. Die Germanen lebten in bäuerlichen Gemeinschaften. Die Frauen kümmerten sich um den Haushalt. Sie bauten aber auch Getreide, Rüben und andere Früchte an. Dazu nähten sie Kleidung aus Fellen und webten Stoffe aus Wolle und Leinen für die Familie.

Die Germanen hielten Rinder, Schafe, Ziegen und Pferde als Haustiere. Die Männer jagten Elche, Bären, Auerochsen und Wildschweine und sie fischten. Ihre Häuser waren aus Zweigen geflochten und mit Lehm beworfen, die Dächer bestanden aus Riedgras.

Die Germanen verehrten mehrere Götter. Wotan war der oberste Gott. Seine Frau hieß Frigg und war die Göttin der Liebe und Fruchtbarkeit. Thor oder Donar hieß der Gott der Bauern. In einigen Wochentagen klingen noch die germanischen Götternamen an: Donnerstag (Donar), Freitag (Frigg).

Als die Römer einen Teil Germaniens besetzten, gab es zunächst viele Auseinandersetzungen mit den eigentlich schlecht bewaffneten Germanen. Dann bauten die Römer einen 500 km langen Grenzzaun, den Limes. Sie gründeten Städte, wie z.B. Mainz, Trier, Aachen, Köln und Xanten.

Mit der Zeit lebten Germanen und Römer friedlich zusammen. Sie trieben Handel und tauschten Waren miteinander, z.B. Schmuck gegen Felle, Eisen oder Wein gegen Bernstein.

→ *Getreide*, → *Römer*, → *Wikinger*, → *Xanten*

Tacitus berichtete

Tacitus war ein römischer Geschichtsschreiber. Er berichtete vor etwa 2000 Jahren über Germanien.

Er zählte die Germanen zu den Barbaren, d.h. eigentlich: Bartträger. Er beschrieb sie als „gastfreundlich, offen und ehrlich mit blondem Haar, blauen Augen, weißer Haut und kräftiger Gestalt.“ Germanien war für ihn ein raues Land mit Sümpfen und dichten Wäldern, mit viel Nebel und Regen, mit kurzem Sommer und langem Winter, mit Stürmen und zugefrorenen Flüssen.

Das Hermannsdenkmal

Bei Detmold im Teutoburger Wald steht das 53 m große Hermannsdenkmal. Es erinnert an eine Schlacht zwischen Germanen und Römern um 9 nach Christus. Damals hat der germanische Stammesfürst Arminius mit vielen vereinten Germanenstämmen eine ganze römische Legion, das waren 15 000 Mann, geschlagen.

G

die **Geografie**

Geografie ist eine Wissenschaft, die sich mit dem Aussehen und der Beschaffenheit der Erde befasst. Sie beschreibt, misst und erforscht den Raum, in dem Menschen leben.

Somit kümmert sie sich auch um Umweltprobleme, die durch Änderungen des Raums entstehen. Das Wort Geografie stammt aus dem Griechischen und bedeutet etwa soviel wie Aufzeichnungen über die Erde. Erdkunde war lange der deutsche Ausdruck dafür und so hieß auch das entsprechende Unterrichtsfach in den weiterführenden Schulen. Hier ging es um Länder und Völker, um Himmel und Erde.

In der Grundschule wird im Sachunterricht ein Anfang gemacht. Es geht um Lesen und Verstehen von Plänen und Karten und das Kennenlernen von Umgebung, Region und Bundesland.

→ *Erde*, → *Kontinent*

die **Geschichte**

In der Regel geht es in der Geschichte um die Vergangenheit, um etwas, was früher geschehen ist.

Geschichte erforscht, wer an einem Ereignis beteiligt war, warum es geschehen ist und welche Folgen das Ereignis hatte.

Dabei werden verschiedene Bereiche der Vergangenheit erforscht, z.B. die Weltgeschichte, die Heimatgeschichte, die Menschheitsgeschichte, die Erdgeschichte oder die Naturgeschichte, also die Entwicklung der Pflanzen und Tiere.

Auch in der Grundschule geht es bereits um Geschichte. Jeder Mensch, auch wenn er noch ganz jung ist, hat bereits eine eigene Geschichte und geschichtliche Erfahrungen gemacht.

Der Geschichtsforscher befragt Zeitzeugen oder untersucht geschichtliche Quellen, also alte Texte und Urkunden, aber auch gefundene Gegenstände und Ausgrabungen.

→ *Germanen*, → *Mittelalter*, → *Römer*, → *Steinzeit*

das **Getreide**

Getreidekörner sind für viele Menschen die Nahrungsgrundlage. Getreide enthält viele Vitamine und Kohlenhydrate. Schon in der Steinzeit wurde Getreide als Nutzpflanze angebaut.

Dazu wurden per Hand die Körner der Gräser in die Erde gesteckt. Daraus wuchsen neue Pflanzen, die geerntet werden konnten. Heute erfolgt der Anbau von Getreide auf großen Ackerflächen, wobei maschinell gesät und abgeerntet wird.

Bei uns werden **Roggen, Weizen, Gerste, Hafer** und **Mais** angebaut. In der biologischen Landwirtschaft werden wieder alte Getreidesorten wie Emmer, Dinkel oder Hirse gepflanzt.

In asiatischen Ländern wird vorwiegend Reis angebaut. Er braucht viel Feuchtigkeit. Daher wächst er nur auf Feldern, die unter Wasser stehen. Reis isst man gekocht oder als Reiswaffeln.

Mais wird ebenfalls gekocht oder in Form von Popcorn und Cornflakes gegessen. Aus Maisgrieß wird Polenta gekocht. In südamerikanischen Ländern werden aus Maismehl z. B. Tortillas gebacken. Bei uns wird Mais auch als Tierfutter verwendet. Roggen und Weizen werden unterschiedlich fein zu Mehl, Schrot oder Gries gemahlen. Aus dem Mehl werden Nudeln und Backwaren wie Brot hergestellt. Manchmal wird auch Schnaps aus Getreide gebrannt. Die Gerste wird zu Malz verarbeitet, um daraus vor allem Bier herzustellen. Oft wird sie an Tiere verfüttert. Hafer wird zu Haferflocken gequetscht oder als Tierfutter verwendet.

→ *Asien,* → *Ernährung,* → *Kartoffel,*
→ *Landwirtschaft,* → *Steinzeit,* → *Südamerika*

?!

WUSSTEST DU DAS?

Die meisten Getreidepflanzen sind Gräser. Ihre Samen sind die Körner. Nur die Körner aus den Rispen oder Ähren der Getreidepflanze werden zur Nahrung verarbeitet.

Hafer hat kleine Rispen.

Weizen hat Ähren ohne Grannen.

Roggen hat kurze Grannen.

Gerste hat die längsten Grannen.

VERSUCH

Versuche, Getreidekörner so zu mahlen, wie es schon in der Steinzeit gemacht wurde. Dazu brauchst du zwei flache Steine und Getreidekörner.

G

die **Giraffe**

Die Giraffe ist ein Säugetier und lebt in den Savannen und Steppen Afrikas. Sie kann bis zu 5,50 m groß und 1800 kg schwer werden.

Durch ihre Größe kann sie Büsche, aber auch die Blätter und Früchte von Akazienbäumen abfressen. Mit der Nahrung nimmt die Giraffe meist genug Flüssigkeit auf, sodass sie tagelang ohne Wasser auskommt. Jede Giraffe hat ein anderes braun-beiges Fellmuster, an dem sie wiederzuerkennen ist. Auf dem Kopf hat sie zwei kleine Hörner. Durch ihre langen Beine kann sie nur auf festem Boden laufen, in sumpfigen Gegenden findet sie keinen Halt. Giraffen leben oft mit Zebras oder Gnus in Herden zusammen. Ausgewachsene Giraffen werden selten von anderen Tieren angegriffen, da sie sich mit festen Tritten wehren. Jungtiere sind noch leichte Beute für Löwen.

→ *Afrika,* → *Löwe,* → *Säugetier,* → *Savanne*

Die Tragezeit beträgt 14 Monate. Bei der Geburt steht die Giraffe, sodass das Giraffenbaby aus etwa 2 m Höhe auf den Boden fällt. Es ist dann 1,80 m groß und 50 kg schwer. Schon bald kann es laufen.

der **Gletscher**

Ein Gletscher ist eine große Eismasse, die aus gepresstem Schnee entstanden ist.

Gletscher bewegen sich im Laufe der Zeit, dabei entstehen Risse und Gletscherspalten. Die können insbesondere für Skiläufer und Bergsteiger gefährlich werden. Gletscher graben tiefe Täler und können im Laufe der Zeit sogar Bergkuppen abschleifen. Wenn Gletscher wandern, führen sie Muränen aus Geröll und Steinen mit. Dadurch prägen sie die Landschaft. Gletscher sind große Süßwasserspeicher. Schmelzende Gletscher geben ihr Wasser in Gletscherseen oder Flüsse ab.

→ *Antarktis,* → *Arktis,* → *Eis,* → *Klima*

?!

WUSSTEST DU DAS?

In der Eiszeit (vor etwa 15 000 Jahren) waren weite Teile von Europa mit Gletschern bedeckt. Durch das wärmer werdende Klima gibt es heute Gletscher in Europa nur noch hoch im Norden und im Hochgebirge, z. B. in den Alpen.

der **Globus**

Globus ist lateinisch und bedeutet Kugel. Auf einem Globus ist die Erdkugel verkleinert dargestellt.

Bei einem Globus stimmen die Größen- und Lageverhältnisse der Länder und Meere überein. Dies ist bei Landkarten leider nicht möglich. Ein Himmelsglobus zeigt die Sternbilder und Fixsterne. Schon im Jahre 200 wurde schriftlich von den ersten Globen berichtet.

→ *Erde*, → *Landkarte*, → *Weltraum*

Der älteste Globus

1492 hat Martin Behaim in Nürnberg den ersten Globus gebaut. Auf ihm fehlt Amerika, da es noch nicht entdeckt war.

die **Glühlampe**

Eine Glühlampe ist eine elektrische Lichtquelle. Eine Glühlampe besteht aus einem Schraubsockel, einem mit den Gasen Stickstoff oder Argon gefüllten Glaskolben und einem Glühdraht. Wird elektrischer Strom durch den Glühdraht geleitet, wird dieser so heiß, dass er zu glühen beginnt. Die Lampe leuchtet.

Die erste Glühlampe wurde von Thomas Alva Edison 1880 zum Patent angemeldet. Noch heute haben alle Glühlampen den von ihm erfundenen Edisonsockel.

Ab 2009 werden die Glühlampen in der ganzen Europäischen Union nach und nach vom Markt genommen. Sie verbrauchen zu viel Strom und werden durch Energiesparlampen ersetzt. Diese funktionieren ähnlich wie Neonröhren, erzeugen weniger Wärme und geben dafür mehr Licht ab.

→ *Elektrizität*, → *Energie*, → *Gas*, → *Kraftwerk*, → *Licht*

VERSUCH

Versuche, eine Fahrradglühlampe mit Hilfe einer Flachbatterie zum Leuchten zu bringen.

H

der **Hafen**

Ein Hafen hat meist mehrere Hafenbecken als Anlegestelle für Schiffe. Daher ist ein Hafen immer mit einem Fluss oder Kanal (Binnenhafen genannt) oder dem Meer (Seehafen genannt) verbunden.

Im Hafen werden die Container oder andere Fracht der Schiffe mit riesigen Kränen be- oder entladen. Ein Hafen hat immer ein gut ausgebautes Schienen- und Straßennetz, damit die Fracht oft in Containern direkt auf LKWs oder Züge geladen werden kann. Manchmal wird die Fracht in Tanks oder Lagerhallen im Hafen zwischengelagert. Meist gibt es dort auch **Werften**, in denen Schiffe repariert werden. Im Trockendock wird das Schiff aus dem Wasser gehoben, um Reparaturen am Rumpf vornehmen zu können oder um es neu zu streichen. In Marinas legen Yachten oder Sportboote an.

→ Container, → Eisenbahn, → Kran, → Schiff

Im Duisburger Hafen

Der größte Binnenhafen Europas liegt in Duisburg an Rhein und Ruhr. Jedes Jahr besuchen ihn 20000 Schiffe.

das **Handy**

Im Gegensatz zum Festnetz-Telefon ist ein Handy ein mobiles Telefon. Damit kann man fast überall telefonieren. Mit einem Handy kann man SMS an andere Handys senden. SMS sind kurze getippte Textnachrichten.

Mit modernen Handys kann man auch Fotos und Videos machen und sich die Bilder gegenseitig schicken. Mit vielen Handys kann man Musik hören. Black Berrys sind kleine Handys, mit denen man im Internet surfen und E-Mails empfangen und senden kann.

→ Internet, → Medien, → Musik

Übermittlung von Nachrichten

Die Nachrichten werden vom Handy per Funk an einen Sendemasten gesendet. Von dort wird die Nachricht über Funk an den Empfänger weitergeleitet.

das Haustier

Haustiere sind Tiere, die vom Menschen vor langer Zeit gezähmt wurden. Die meisten dieser Haustiere haben sich an das Leben mit Menschen gewöhnt. Sie könnten im Gegensatz zu den Wildtieren nicht mehr alleine in der freien Wildbahn überleben.

Haustiere sind für den Menschen aus verschiedenen Gründen nützlich. Rinder, Schweine, Hühner, Ziegen, Schafe, Gänse aber auch Bienen geben uns Nahrung und andere Produkte, wie Leder oder Wolle.

Katzen, Hunde, Meerschweinchen, Kaninchen und Hamster leben mit Menschen im Haus oder in der Wohnung zusammen. Diese **Heimtiere** können Helfer sein oder sie bereiten Freude und können Spielpartner sein.

→ *Steinzeit*, → *Wildtier*

?!

WUSSTEST DU DAS?

Haustiere benötigen viel Pflege und Zeit. Ein Hund braucht bei jedem Wetter mehrmals am Tag Auslauf. Haustiere müssen regelmäßig gefüttert und gepflegt werden. Sie brauchen einen artgerechten Wohn- und Schlafplatz. Der Käfig muss regelmäßig sauber gemacht werden.

der Hebel

Ein Hebel ist ein einfaches Gerät, das den Menschen die Arbeit erleichtert. Je länger der Hebel ist, desto weniger Kraft braucht man, um eine Last zu bewegen oder anzuheben.

Hebel haben die Menschen schon sehr früh gehabt, z.B. um einen großen Stein oder einen Baumstamm zu bewegen. Beim Bau der Pyramiden haben die **Ägypter** die riesigen Steine vermutlich mit Hebeln bewegt.
Heute gehören verschiedenste Hebel zu unserem Alltag: Türklinken, Nussknacker, Scheren, Schraubenschlüssel. An einer Wippe kann man sehr gut die Hebelwirkung erproben: Hat sie einen langen Hebel, kann ein Kind einen Erwachsenen hochheben.

→ *Pyramide*

Verschiedene Hebel

die **Höhle**

Höhlen sind Hohlräume, die oft in Kalkgebirgen vorkommen. Die Höhlen sind meist durch Wasser entstanden, das den weichen Stein in Jahrtausenden ausgehöhlt hat.

Daher haben viele Höhlen ein kilometerlanges Gewirr von Wegen und auch unterirdische Seen oder Flüsse. In den Höhlen haben die Menschen in der Steinzeit Schutz vor schlechtem Wetter und wilden Tieren gesucht. Einige Tiere wie **Fledermäuse**, Kröten und Salamander nutzen Höhlen, um dort im Winter Unterschlupf vor der Kälte zu finden.
In **Tropfsteinhöhlen** hat Kalk durch herabtropfendes Wasser Stalaktiten und Stalagmiten entstehen lassen.

→ *Gebirge*, → *Kunst*, → *Tier*

Tropfsteinhöhle

Stalaktiten wachsen wie Eiszapfen von der Decke herab und Stalagmiten wachsen vom Boden als Kalksäule der Decke entgegen.

das **Huhn**

Hühner gehören zwar zu den Vögeln, können aber nicht gut fliegen. Sie werden als Haustiere gehalten, weil sie uns Fleisch, Federn und Eier liefern.

Am liebsten scharren Hühner mit ihren Krallen nach Würmern und Insekten, mit dem Schnabel picken sie Körner auf. Dies ist nur in der Freilandhaltung möglich. Die meisten Hühner leben lange in engen Drahtkäfigen auf Hühnerfarmen, um dort Eier zu legen.
Hühner gackern, um sich zu verständigen. Damit können sie drohen oder sich warnen. Der Hahn markiert vor allem morgens sein Revier durch das Krähen. Wenn er die Hennen bespringt, werden die Eier befruchtet und Küken können aus den Eiern schlüpfen.

→ *Ei*, → *Haustier*, → *Vogel*

Hühnervögel

Wachtel

Rebhuhn

Auerhahn

Birkhahn

Die wild lebenden Hühnervögel stehen unter Naturschutz.

der **Hund**

Der Hund war das erste Haustier des Menschen. Schon in der Steinzeit lebten Hunde in der Nähe der Menschen, weil sie dort Nahrung fanden. Die Menschen wurden von ihm vor Gefahren gewarnt. Seitdem ist der Hund ein treuer Begleiter des Menschen.

Damit der Hund friedlich mit anderen Menschen und Tieren auskommt, braucht er eine gute Erziehung. Dazu besucht der Hundehalter mit dem Welpen eine Hundeschule, in der er Kommandos wie ‚Sitz' oder ‚Platz' oder ‚Such' lernt.

Die Sinne des Hundes sind unterschiedlich gut entwickelt. Er kann nicht so gut sehen. Daher helfen ihm die Tasthaare an der Schnauze bei der Orientierung. Mit den Pfoten kann er Vibrationen spüren. Über die Haut nimmt er Berührungen und Schmerz wahr. Mit seiner sehr guten Nase kann er sogar Verschüttete durch Schnee oder Schutt erschnüffeln. Eine trainierte Hundenase kann Sprengstoff oder Drogen finden. Ein Hund kann sehr hohe Töne wahrnehmen, die Menschen nicht hören.

Der Hund stammt vom Wolf ab und gehört daher zu den Raubtieren. Der Jagdtrieb ist bei den meisten Hunden heute nicht mehr besonders stark. Die Jagdhunde bilden da noch eine Ausnahme.

Der Hund bekommt seine Nahrung in Form von Fleisch, Getreide oder Gemüse vom Menschen. In einem Wurf kann eine Hündin drei bis zwölf Welpen bekommen. Diese werden von ihr 12 Wochen lang gesäugt. Dann können die Welpen von der Mutter getrennt werden.

→ *Gemüse,* → *Getreide,* → *Haustier,* → *Raubtier,* → *Säugetier,* → *Sinne,* → *Steinzeit,*

?!

WUSSTEST DU DAS?

Es gibt über 240 verschiedene Hundearten. Sie unterscheiden sich durch ihre Größe, ihren Körperbau und ihre Fellart. Die Hunde haben auch sehr unterschiedliche Charakterzüge.

Einige Arten sind besonders kinderlieb, andere brauchen sehr viel Auslauf.

Hundesprache
Der Hund kann durch seine Körpersprache ausdrücken, wie es ihm gerade geht.

Ich freue mich.

Ich bin wütend.

Ich habe Angst.

die **Indianer**

Indianer in Nordamerika und Indios in Südamerika haben seit der Entdeckung Amerikas durch Columbus diesen Namen, denn Columbus glaubte, er sei in Indien. Die Indianer sind wahrscheinlich vor etwa 20 000 Jahren aus Asien nach Amerika eingewandert. Damals gab es im Norden noch eine Verbindung zwischen Amerika und Asien.

In Amerika haben sie sich dem Klima und der Umgebung angepasst und unterschiedliche Lebensweisen und Kulturen entwickelt. Im Norden jagten sie Seehunde und Robben. Einige lebten in Zelten aus den Häuten erlegter Büffel. Einige bauten riesige Rundhütten. Prärie-Indianer jagten Bisons. Sie trieben aber auch Ackerbau und bauten wie die Mayas, Inkas und Azteken Mais, Kürbis und Kartoffeln an. Indianer lebten nicht nur als Familie zusammen, sondern als Sippe, also als Großfamilie. Mehrere Sippen bildeten einen Stamm. Dem Stamm stand ein Häuptling vor. Die Frauen waren bei den Indianern hoch geachtet.

Als die weißen Europäer nach Nordamerika einwanderten und später sogar Eisenbahnlinien quer durch den Kontinent bauten, kam es zu vielen Kämpfen zwischen Weißen und Indianern. Die wurden wegen ihrer Kriegsbemalung Rothäute genannt. Diese Kämpfe konnten die Indianer mit ihren Speeren, Pfeil und Bogen gegen Gewehre und Pistolen nicht gewinnen. Noch heute gibt es in Nordamerika Indianerstämme wie Irokesen, Dakotas, Komantschen und Apachen. Sie leben in geschützten Reservaten, können aber ihre alte Lebensweise nicht mehr beibehalten.

→ *Kartoffel*, → *Kultur*, → *Amerika: Nordamerika*, → *Amerika: Südamerika*

Indianer früher in ihrem Dorf

Indianerfrauen heute auf dem Markt

Indianer heute bei einer Vorführung

die **Industrie**

In der Industrie werden Produkte mit Hilfe von Menschen, Maschinen und Robotern in großer Stückzahl produziert. Bei uns werden fast alle Produkte, die wir zum Leben brauchen, industriell hergestellt. Deutschland gehört zu den führenden Industrieländern der Erde.

Erst vor 200 Jahren begann die Industrialisierung. Die Erfindung von Maschinen, besonders der Dampfmaschine, führte zur Entstehung von Fabriken und verschiedenen Industriezweigen. Viele kleine handwerkliche Betriebe mussten aufgeben. Sie konnten nicht so preiswert produzieren.

Die Industrie wird in die Rohstoffindustrie und die weiterverarbeitende Industrie aufgeteilt. Die Rohstoffindustrie gewinnt Erdgas, Erdöl, Kohle, Holz oder landwirtschaftliche Erzeugnisse. Diese Rohstoffe werden von der weiterverarbeitenden Industrie zu Produkten verarbeitet. Kraftwerke liefern dazu den Strom. So sind viele Industriezweige eng miteinander verbunden.

In der Schwerindustrie werden Eisen und Stahl hergestellt. Daraus fertigt die Metallindustrie Eisenbahnschienen, Stahlträger oder Autoteile. Die Bauindustrie baut Häuser, Straßen oder Brücken. In der chemischen Industrie werden aus Rohstoffen, wie z.B. Rohöl, Kunststoffe, Farben und Lacke, Reifen, Heizöl, Benzin, Erdgas, aber auch Medikamente erzeugt. Gardinenstoffe und Kleidung werden in der Textilindustrie gefertigt. In Zukunft wird die Industrie mehr erneuerbare Energien nutzen, um die Umwelt zu schonen.

→ Chemie, → Dampfmaschine, → Energie, → Erdöl, → Kraftwerk, → Maschine, → Produktion, → Roboter, → Stahl, → Umwelt

Vom Fisch zum Fischstäbchen

Fische werden in Netzen gefangen.

Auf dem Schiff werden sie entgrätet. Das Filet wird in Streifen geschnitten und tiefgefroren.

In der Fabrik werden die Stäbchen geformt und paniert. Danach werden sie in heißem Fett frittiert.

Nach dem Abkühlen werden sie verpackt. Mit Tiefkühl-LKWs werden die Packungen zum Supermarkt gebracht.

das **Insekt**

Insekten leben fast überall auf der Welt. Sie sind mit über einer Million Arten die artenreichsten Tiere der Welt: 3 von 4 Tierarten sind Insekten. Man vermutet, dass besonders im Regenwald viele Insektenarten noch gar nicht entdeckt wurden.

Zu den Insekten gehören Schmetterlinge, Käfer, Heuschrecken, Bienen, Fliegen, Mücken, Ameisen und Libellen.

Die meisten Insekten leben in Bodennähe, wo sie auch ihre Nahrung finden. Viele Insekten, wie z.B. Bienen, ernähren sich von Blütennektar oder anderen Pflanzenteilen. Andere Insekten, wie z.B. Libellen, jagen kleine Beutetiere, Mücken saugen Blut. Bei allen Insekten ist der Körper in drei Teile geteilt: Kopf, Brust und Hinterleib. Sie haben einen festen Chitinpanzer, der sie schützt. Er kann Schuppen, Haare oder Borsten haben und verschieden gefärbt sein. Alle Insekten haben genau sechs Beine. Einige Insekten besitzen Flügel. Sie haben am Kopf große Facettenaugen und Fühler.

Insekten können Schädlinge sein, wenn sie in großen Schwärmen auftreten und ganze Landschaften kahl fressen. Einige Insekten sind aber auch Nutztiere. Dazu zählt bei uns die Honigbiene. In Ländern Afrikas, Asiens oder Südamerikas werden Grillen und Heuschrecken gegessen. Sie enthalten wichtige Eiweiße.

Insekten durchlaufen eine Metamorphose. Sie werden als Ei gelegt und verwandeln sich zu einer Larve oder Raupe. Dann verpuppen sie sich und heraus schlüpft wieder ein neues Insekt.

→ *Haustier*, → *Käfer*, → *Larve*, → *Libelle*, → *Regenwald*, → *Schmetterling*

?!

WUSSTEST DU DAS?

Die größten Insekten sind die Stabheuschrecken. Sie können bis zu 33 cm lang werden.

Einige Insekten bilden eigene Staaten, in denen jedes Tier eine besondere Aufgabe hat. Über tausend Tiere leben dort zusammen. Die Königin legt die Eier. Es gibt Arbeiter und Nestpfleger. Ameisen bauen Ameisenhaufen, Termiten bilden Termitenhügel. Bienen leben in Bienenstöcken.

Körperbau eines Insekts

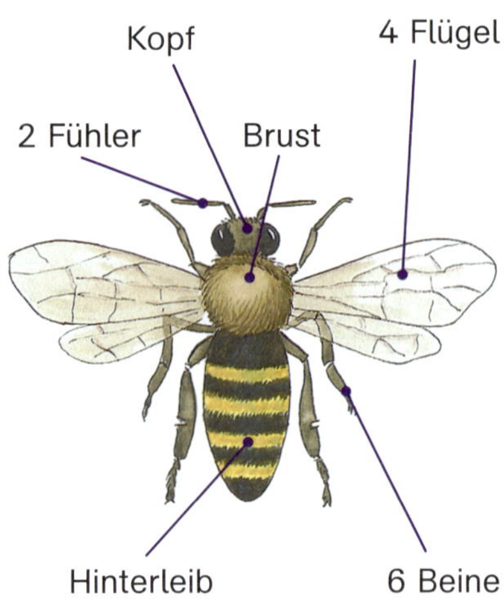

das **Instrument**

Um Musik zu machen, benötigt man ein Instrument, das Töne erzeugt. Die meisten Instrumente sind aus Holz oder aus Metall und können auf verschiedene Arten gespielt werden können: Blas-, Streich-, Zupf-, Schlag- und Tasteninstrumente.

Einige Instrumente klingen alleine gut und werden solo gespielt, wie das Klavier. Andere Instrumente klingen besser mit anderen zusammen in einem Orchester. Um ein Instrument richtig spielen zu können, muss ein Musiker viel üben. Dazu kann man in eine Musikschule gehen und später an einer Hochschule Musik studieren.

→ *Musik*, → *Orchester*

das **Internet**

Das Internet ist ein Computernetz aus sehr vielen Computern. Diese sind weltweit über Telefon oder Satelliten miteinander verbunden.

Über das Internet kann man mit Menschen Kontakt aufnehmen, die weit weg leben. Man kann mit ihnen über Kopfhörer und Mikrofon telefonieren oder mit ihnen chatten. Das bedeutet, dass man sich kurze Nachrichten schreibt. Man kann auch E-Mails über das Internet verschicken. Dazu benötigt man eine E-Mail-Adresse. Diese Briefe sind in wenigen Sekunden verschickt.

Wenn man im Internet nach Informationen sucht, nennt man das surfen. Eine Suchmaschine hilft, die richtigen Seiten zu finden. Es gibt spezielle Kinderseiten, auf denen es Informationen und interessante Berichte, aber auch Spiele und Videos gibt.

→ *Computer*, → *Handy*, → *Medien*

VERSUCH

Säge Rundhölzer aus Hartholz, z. B. Buche oder Eiche in etwa 20 cm lange Stücke. Schleife sie glatt. Schlage die Klanghölzer aufeinander.

Schneide von einem etwa 2 cm dicken Bambusstab 20 cm ab. Feile mit einer Vierkantfeile Kerben in den Stab. Reibe mit einem Hartholzstab einen Rhythmus über die Kerben des Guiro.

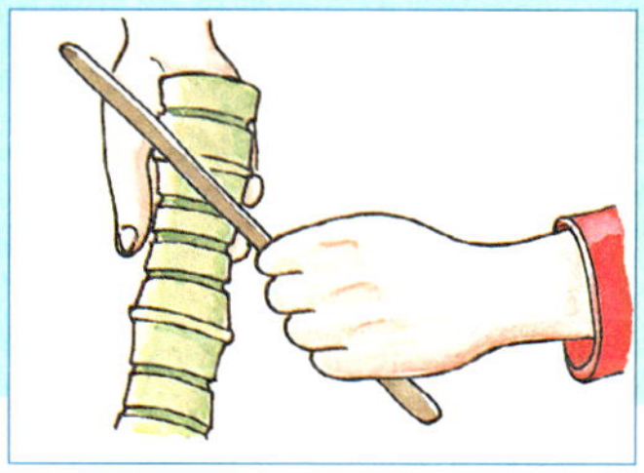

Einige Internetadressen für Kinder

- www.wdrmaus.de
- www.kidsville.de
- www.zzzebra.de
- www.geolino.de
- www.emil-gruenbaer.de
- www.blinde-kuh.de

das **Interview**

Informationen aus erster Hand bekommt man am besten durch Befragen eines Experten oder einer Expertin.

Auch ein Interview muss vorbereitet werden:

Wer kann unsere Fragen beantworten?
Wer hilft uns weiter?

Wer spricht einen Termin ab?

Welche Fragen stellen wir? (Schriftlich vorbereiten)

Wie halten wir die Antworten fest:
- mit einem Recorder oder
- mit Stichworten?

der **Inuit**

Die Inuit sind die Bewohner der Küsten Nordamerikas und Grönlands in der Arktis. Im Winter kann es dort bis zu −60 °C kalt werden.

Die Inuit haben sich gut an das Leben in Schnee und Kälte angepasst. Sie leben heute wie früher von der Jagd und dem Fischfang. Außerdem fertigen sie Kunstwerke an, die sie verkaufen. Sie leben in festen Häusern und nutzen moderne Motorschlitten und auch Gewehre.

Früher haben die Inuit Robben und Wale gejagt. Dazu haben sie Harpunen und Pfeil und Bogen benutzt. Diese haben sie aus Walknochen und Steinen gefertigt. Mit Hilfe von Walknochen und Tierhäuten haben sie auch Kajaks (Boote), Zelte und ihre Kleidung hergestellt. Das Fleisch haben sie gegessen. Der Walfang ist heute jedoch weitgehend verboten.

→ *Arktis*, → *Wal*

?! **WUSSTEST DU DAS?**

Die Inuit wurden früher auch Eskimos genannt. Das bedeutet Rohfleischesser. Da es aber ein Schimpfwort ist, wird es nicht mehr verwendet.

Nur wenn die Inuit im Winter auf der Jagd waren, haben sie in Iglus gelebt. Das sind Häuser aus Schneeblöcken.

das **Jahr**

Schon vor über 2000 Jahren haben die Ägypter die Dauer eines Jahres auf 365 Tage festgelegt. Es ist der Zeitraum, den die Erde braucht, die Sonne zu umkreisen.

Auch die Römer übernahmen dieses Zeitmaß. Mit kleinen Änderungen gilt es bis heute. Da der Umlauf der Erde sechs Stunden länger dauert, hat man alle vier Jahre ein Schaltjahr eingerichtet, das einen Tag mehr hat, nämlich den 29. Februar. Der 1. Januar wurde als Jahresanfang festgelegt. Die Einteilung in Monate bezieht sich auf den Lauf des Mondes. Er umkreist in jeweils 28 Tagen die Erde. Die Jahreszeiten entstehen durch den unterschiedlichen Stand der Erde zur Sonne.

→ *Erde*, → *Zeit*

Kreislauf um die Sonne

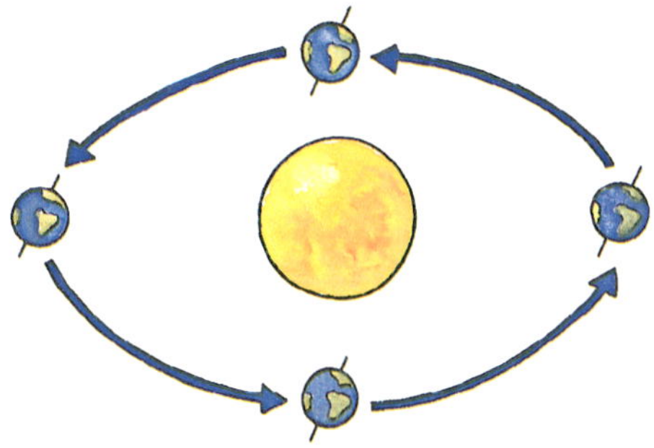

das **Judo**

Judo ist eine japanische Kampfsportart. Judo bedeutet übersetzt „der sanfte Weg“. Wer Judo macht, wird Judoka genannt.

Beim Training werden die Techniken mit einem Partner geübt. In kleinen Kämpfen, Randori genannt, werden die Fortschritte ausprobiert. Für Judo muss man nicht besonders kräftig sein, man versucht vielmehr, den Gegner aus dem Gleichgewicht zu bringen. Dann wird er mit einer Technik, einem Wurf, zu Fall gebracht. Mit Haltegriffen, Würgetechniken oder Armhebeln wird er am Boden gehalten. Damit man sich bei Würfen nicht verletzt, muss man Fallübungen machen. Würgetechniken und Armhebel werden nur angedeutet, der Gegner kann jederzeit abschlagen, also die Übung beenden.

→ *Freizeit*, → *Sport*

?!

WUSSTEST DU DAS?

Es gibt einen Judoanzug mit einer Hose und einer offenen Jacke, die von farbigen Gürteln gehalten wird. Der erste Gürtel ist weiß. Um die folgenden Gürtel zu erhalten, muss man jeweils eine Prüfung ablegen und zeigen, dass man die Techniken exakt beherrscht.

Es gibt sechs einfarbige Schülergürtel, sie werden Kyu genannt. Dann kommen nur noch die schwarzen Meistergürtel. Sie heißen Dan.

K

der **Käfer**

Es gibt mehrere Hundertausend Arten von Käfern. Sie leben überall auf der Welt und fast an allen Stellen: auf Bäumen, im Gras, im Boden, zwischen Steinen, unter der Rinde und sogar im Wasser.

Käfer ernähren sich auch unterschiedlich. Einige sind Allesfresser, andere fressen nur bestimmte Pflanzenteile, einige fressen nur tierische Nahrung. Dazu haben sie kräftige Fresswerkzeuge. Alle Käfer sind Insekten. Sie haben einen Kopf, eine Brust und einen Hinterleib, dazu drei Beinpaare an der Brust und zwei Flügelpaare.

Die Vorderflügel sind aus festem Material und schützen den Käfer. Zum Fliegen klappt er die Deckflügel zur Seite und faltet die weichen Hinterflügel auf. Am Kopf haben Käfer zwei Augen. Dies sind ganz besondere Augen. Man nennt sie Facettenaugen. Jedes Auge besteht aus vielen kleinen Augen. Dadurch können Käfer gleichzeitig nach vorne, hinten rechts, links und oben sehen.

Alle Käfer machen eine **Metamorphose** durch. Das heißt, sie verändern sich und machen mehrere Entwicklungsstadien durch. Genau wie Schmetterlinge entwickeln sie sich vom Ei zur Larve, zur Puppe und zum fertigen Tier.

Nicht alle Käfer sind so nützlich wie Marienkäfer, die gerne bis zu 80 Blattläuse am Tag fressen. Viele Arten sind auch ausgesprochen schädlich und zerstören Pflanzen, wie z.B. der Kartoffelkäfer oder der Borkenkäfer, der ganze Wälder gefährden kann.

→ *Ei*, → *Insekt*, → *Larve*, → *Schmetterling*

REKORDE

Der größte Käfer ist der Herkuleskäfer, der bis zu 19 cm lang wird.

Der Goliathkäfer ist der schwerste Käfer. Er wiegt etwa 100 g.

Der Skarabäus ist ein schwarzer Käfer, der bei uns Mistkäfer genannt wird. Er wurde in Ägypten besonders geschätzt und in Gold oder Edelstein als Schmuckstück getragen.

Die bekanntesten deutschen Käfer sind wahrscheinlich die Maikäfer, die in einer Bildergeschichte von Wilhelm Busch vorkommen.

der **Kanal**

Im Kanal steht das Wasser. Er ist ein künstlicher Wasserweg. Er ist von Menschen gebaut worden, damit Schiffe ihre Waren auch dahin transportieren können, wo kein großer Fluss fließt.

Kanäle verbinden Flüsse oder andere Gewässer miteinander und werden oft an großen Städten vorbei geleitet. Flüsse und Kanäle sind wichtige Transportwege. Auf Schiffen können große Mengen an schweren Gütern wie Kies, Schrott oder Eisenerz transportiert werden. Ein Kanalschiff kann zum Beispiel 50-mal mehr transportieren als ein LKW.

Der längste Kanal in Deutschland ist der Mittellandkanal. Er ist über 400 km lang und verbindet in Norddeutschland die Flüsse Rhein, Weser und Elbe. Es gibt in Deutschland auch einen bedeutenden Kanal für Seeschiffe. Es ist der Nord-Ostsee-Kanal. Er verbindet seit 1895 die Nordsee mit der Ostsee. Er ist fast 100 km lang und erspart jedes Jahr fast 40000 Schiffen den viel längeren Umweg um Dänemark herum.

Nord-Ostsee-Kanal

→ *Hafen*, → *Schiff*, → *Wasser*

Die beiden international bedeutendsten Kanäle sind der Suezkanal in **Ägypten** und der Panamakanal in Mittelamerika. Beide entstanden vor etwa 100 Jahren. Der Suezkanal erspart den Schiffen bei der Fahrt nach Asien den langen Umweg um Afrika.

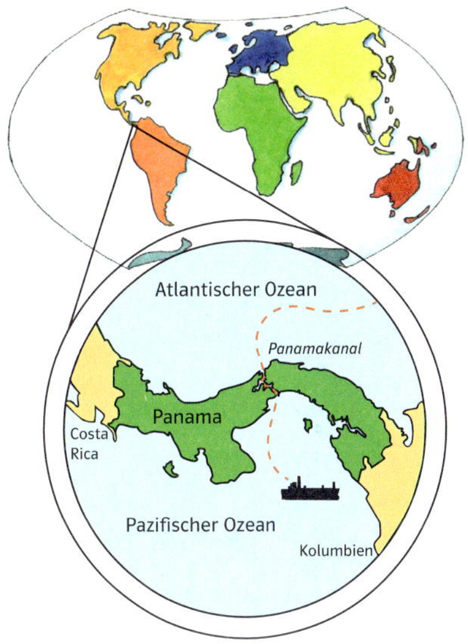

Der Panamakanal ist die kürzeste Verbindung vom Atlantik zum Pazifik und vermeidet den langen und gefährlichen Weg um die Südspitze Südamerikas.

Schleuse Brunsbüttel

Anders als in Flüssen steht in Kanälen das Wasser. Die Höhenunterschiede der Landschaft werden durch Schleusen oder Schiffshebewerke überwunden.

das **Känguru**

Kängurus sind Säugetiere und leben in den trockenen Graslandschaften Australiens. Die Jungen wachsen die ersten Monate in einem Beutel vor dem Bauch der Mutter auf. Daher werden Kängurus auch Beuteltiere genannt.

Bei der Geburt sind sie nur so groß wie ein Daumen. Sie krabbeln in den Beutel und saugen dort ihre Milch. Ein Känguru bewegt sich hüpfend vorwärts. Dazu benutzt es die langen und kräftigen Hinterpfoten. Mit dem Schwanz stützt es sich ab und hält die Balance. Nur wenn es langsam geht, benutzt es auch die kurzen Vorderpfoten mit den fünf Fingern. Mit den Fingern und den scharfen Schneidezähnen greift es nach Nahrung. Kängurus ernähren sich nur von Pflanzen.

→ *Australien*, → *Pflanze*, → *Säugetier*

?!

WUSSTEST DU DAS?

Graue Riesenkängurus können bis zu 40 km/h schnell sein und dabei bis zu 9 m weit hüpfen.

Die kleinsten Känguruarten werden nur so groß wie Kaninchen.

die **Kartoffel**

Kartoffeln sind Knollen, die unter der Erde wachsen. Alle überirdischen Teile der Kartoffelpflanze sind giftig. Die Kartoffel ist bei uns ein Hauptnahrungsmittel. Sie ist gesund und nahrhaft, denn sie enthält viel Stärke, Vitamine und Eiweiß.

In Südamerika ist die Kartoffel schon seit über 2000 Jahren bekannt. Vor etwa 450 Jahren haben spanische Entdecker die Kartoffel nach Europa gebracht. Zunächst wurde sie nur wegen ihrer schönen Blüten als Zierpflanze angebaut. Erst Jahre später lernten die Menschen, dass die Knollen essbar sind. Seitdem wird die Kartoffel fast überall angebaut. Aus einer Kartoffel können bis zu 20 neue wachsen.

→ *Ernährung*, → *Europa*, → *Amerika: Südamerika*

Friedrich der Zweite

König Friedrich II. hat im Jahr 1756 einen Kartoffelbefehl erlassen. Er wollte die Menschen ermuntern, Kartoffeln anzubauen. Jahre später hat er die Kartoffelfelder von Soldaten bewachen lassen. Dadurch wurden die Menschen neugierig und haben die Kartoffeln vom Feld gestohlen. So haben sie festgestellt, dass die Kartoffeln ein wohlschmeckendes Nahrungsmittel sind.

die **Katze**

Die Katze wird schon seit mehreren tausend Jahren vom Menschen als Haustier gehalten. Früher haben Katzen bei der Mäusejagd geholfen, heute sind sie eher gute Freunde des Menschen.

Die Katze gehört zu den Raubtieren. Sie ist nachts aktiv und jagt im Schutz der Dunkelheit gerne Vögel oder Mäuse. Dabei kann sie sich nahezu lautlos anschleichen. Mit einem gezielten Sprung fängt sie ihre Beute mit den Krallen und tötet sie mit einem Biss. Tagsüber schläft sie gerne an warmen Plätzen oder in der Sonne.

Die Sinne der Katze sind gut ausgebildet. Sie kann sehr gut sehen, besonders nachts. Ihre Ohren hören hohe Töne, die für den Menschen nicht wahrnehmbar sind. Im Ohr sitzt wie beim Menschen der Gleichgewichtssinn. Mit ihren Schnurrhaaren kann die Katze sich auch nachts gut orientieren. Sie helfen, die Umgebung abzutasten. Mit der Nase kann sie gut riechen. Das Fell schützt vor Hitze, Kälte und vor Verletzungen. Durch ihre intensive Fellpflege verteilt sie Fett, damit es wasserabweisend bleibt.

?! **WUSSTEST DU DAS?**

Die Hauskatze ist mit den Großkatzen verwandt. Dazu gehören Löwe, Jaguar, Leopard, Puma, Gepard und Tiger. Die meisten Raubkatzen sind Einzelgänger. Nur Löwen leben in Rudeln.

Die Hauskatze stammt von der ägyptischen Falbkatze ab. Diese wurde schon vor über 3000 Jahren als Haustier gehalten und galt als heilig.

Es gibt über 40 verschiedene Hauskatzenarten. Sie unterscheiden sich durch ihre Größe, ihre Fellfarbe und Felllänge.

Es gibt einfarbige Katzen und Katzen mit einem Tigermuster. Dreifarbige Katzen werden Glückskatzen genannt.

Die Katze kann zweimal im Jahr einen Wurf mit drei bis sechs Jungen bekommen. Sie ist ein Säugetier und säugt ihre Jungen nach der Geburt mehrere Wochen. Die Jungen sind bei der Geburt blind und öffnen erst nach einer Woche die Augen.

→ *Haustier*, → *Löwe*, → *Raubtier*, → *Säugetier*, → *Sinne*, → *Tiger*

K

die **Kläranlage**

Immer, wenn wir Wasser brauchen, produzieren wir verschmutztes Wasser. Beim Händewaschen, Duschen, Baden, Wäschewaschen, Spülen und Kochen bleibt jeweils verschmutztes Abwasser zurück. Deshalb muss das Abwasser gesäubert werden, bevor es wieder in die Flüsse und Meere fließt. Dazu werden Kläranlagen gebraucht.

Ein gesunder Fluss hat zwar Fähigkeiten, sich selbst zu reinigen und geringe Verschmutzungen zu klären. Unsere großen Abwassermengen aber würden Flüsse und Meere so verschmutzen, dass darin kein Leben von Tieren und Pflanzen mehr möglich wäre.

In einer Kläranlage wird grober Schmutz mit einem Rechen ①, einer Art Kamm oder Gitter, herausgefiltert. Im Sandfang ② ruht das Wasser dann einige Zeit. Hier setzt sich schwerer Schmutz am Boden ab. Öle, Fette und Benzin werden im Vorklärbecken ③ oben abgeschöpft. Im biologischen Becken ④ wird **Sauerstoff** in das Wasser geblasen. Hier „fressen" Bakterien, kleinste Lebewesen, den Schmutz aus dem Wasser. Übrig bleibt ein Schlamm, der sich absetzt. Er wird in Faultürmen ⑤ oder in Schlammbeeten zu fruchtbarem Kompost.

Ganz wenige Kläranlagen haben eine chemische Klärstufe ⑥, die noch weitere unerwünschte Stoffe aus dem Wasser herausfiltern kann. Dennoch bleiben unerwünschte Stoffe im Wasser, wie z. B. Medikamente.

Aus dem Sammelbecken ⑦ wird das Wasser wieder in den natürlichen Wasserkreislauf ⑧ zurückgeführt.

→ *Abwasser*, → *Wasser*

Der Weg des Abwassers

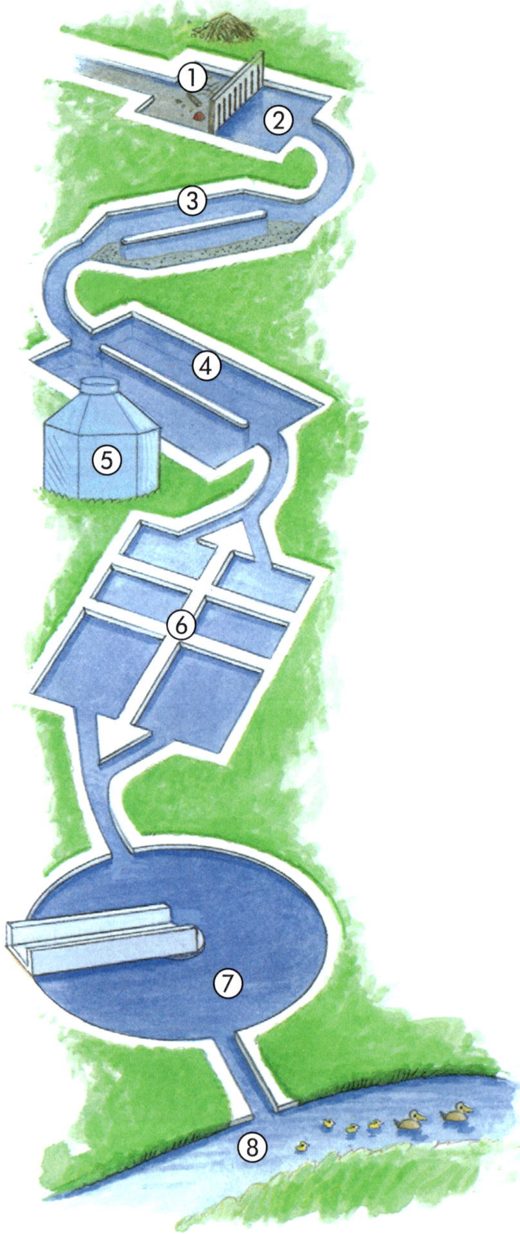

das **Klima**

Vom Klima spricht man, wenn man das Wetter in einer Gegend über einen längeren Zeitraum meint.

Das Klima ist nicht überall auf der Welt gleich. Aber es gibt Zonen, in denen das Klima jeweils ähnlich ist. Diese Zonen kann man sich wie Ringe um einen Globus vorstellen. Um den **Äquator** herum gibt es das Tropenklima. Hier ist es das ganze Jahr fast gleichbleibend heiß. Tag und Nacht sind fast gleich lang. Am **Nordpol** und am **Südpol** herrscht das polare Klima. Hier ist es fast gleichbleibend kalt. Es gibt im Sommer und Winter aber große Unterschiede der Tageslängen. Wir leben in der gemäßigten Zone. Hier gibt es vier Jahreszeiten.

→ *Antarktis*, → *Arktis*, → *Äquator*, → *Globus*, → *Wetter*

Klimazonen

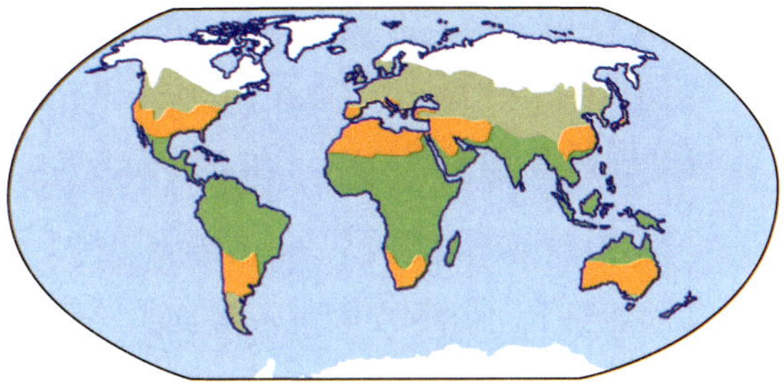

- Tropisches Klima
- Subtropisches Klima
- Gemäßigtes Klima
- Polares Klima

die **Kohle**

Die Kohle war ein bedeutender Bodenschatz bei uns, denn sie war für viele Menschen die wichtigste Heizquelle. Heute wird sie nur noch in wenigen Haushalten und meist nur in Kraftwerken verbrannt.

Kohle ist der versteinerte Rest von Pflanzen und Bäumen. Sie wuchsen vor vielen Millionen Jahren, starben dann ab, wurden überflutet und von Schlamm und **Gestein** überdeckt. Dieses Wachsen und Absterben der Wälder geschah in Millionen Jahren immer wieder. Unter dem Druck des Gesteins und unter Luftabschluss wurden die abgestorbenen Pflanzen erst zu Torf, dann zu Braunkohle, schließlich zu Steinkohle.

→ *Bergbau*, → *Energie*, → *Kraftwerk*, → *Stahl*

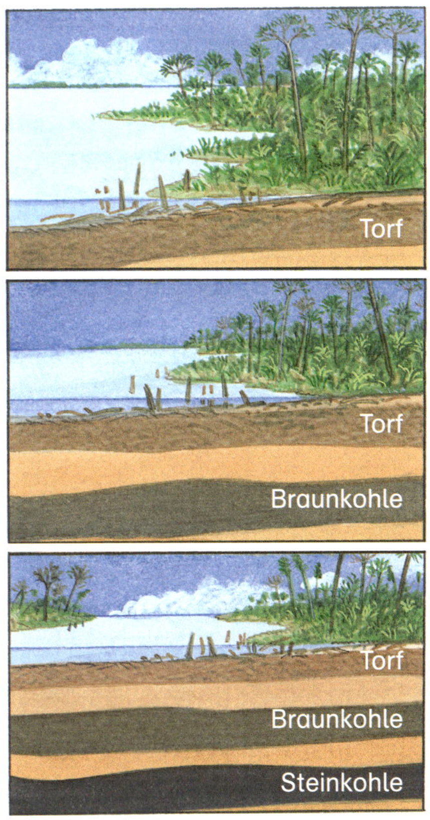

K

der Komponist

Ein Komponist ist ein Künstler, der Musikstücke schreibt. Das fertige Musikstück ist eine Komposition.

Ein Komponist schreibt sich die ausgedachte Melodie meist auf. Dazu benutzt er Noten. Er kann die Melodie per Hand aufschreiben, es gibt aber auch schon Computerprogramme. Wer ein Instrument beherrscht, kann die Melodie dann nachspielen. Oft denken sich Komponisten zur Melodie auch einen Text aus. So entsteht ein Lied, das gesungen werden kann. Komponisten haben ein gutes Rhythmusgefühl und summen eine Melodie oder spielen sie mit Instrumenten. Manchmal arbeiten auch zwei Künstler gemeinsam an einem Lied: einer schreibt die Melodie und der andere den Text.

→ *Computer*, → *Instrument*, → *Kunst*, → *Musik*

Ludwig van Beethoven

ist ein deutscher Komponist, der von 1770 bis 1827 gelebt hat. Er hat in Bonn und in Wien gewohnt. Beethoven hat berühmte Musikstücke komponiert. Dazu gehört seine 9. Sinfonie mit der Ode an die Freude. Sie wird oft als Europahymne gespielt.

der Konflikt

Ohne Konflikte ist ein Zusammenleben der Menschen kaum möglich. Deshalb ist es wichtig, mit Konflikten umzugehen, damit es nicht zu einer gewalttätigen Auseinandersetzung kommt.

Konflikte entstehen oft, weil Menschen Situationen unterschiedlich empfinden oder sie haben verschiedene Ziele. Dann fühlt sich jemand benachteiligt oder unfair behandelt und ist verletzt. Wichtig ist es dann, dass die Konfliktparteien wirklich eine Lösung des Konflikts wollen. Sie sollten ruhig und friedlich ihre Meinungen sagen. Dann versuchen sie, eine Vereinbarung zu finden, die beide Seiten zufrieden stellt. Dies nennt man einen **Kompromiss**.

→ *Menschenrechte*, → *Toleranz*

Streitschlichtung

Weil es auch in der Schule zu Konflikten kommt, gibt es an vielen Schulen Programme zur Streitschlichtung. Hier wird versucht, nach einem vereinbarten Verfahren zu Lösungen und Kompromissen zu kommen.

An einigen Schulen gilt die Stopp-Regel. Wenn ein Kind sich bedrängt fühlt oder aus dem Streit aussteigen will, sagt es „STOPP!“. Dieser Wunsch muss von dem Konfliktpartner anerkannt werden.

der Konsum

Konsum nennt man den Kauf, Verbrauch oder Verzehr von Waren. Dazu zählen unter anderem Nahrungsmittel, Kleidung, aber auch Möbel, Autos oder Dienstleistungen wie das Fernsehen.

Die Käufer oder Konsumenten müssen für den Konsum in der Regel zahlen.

Die Wirtschaft stellt immer neue und zum Teil verbesserte Konsumgüter her, um die Menschen zum Kauf anzuregen. Durch Werbung soll der Konsum der Menschen angekurbelt werden, denn je mehr die Menschen kaufen, desto größer ist der Gewinn. Untersuchungen zeigen, dass der Konsum sich ständig ändert. So ging z. B. in den letzten Jahren der Konsum von Kartoffeln zurück, der von Fleisch stieg, weil die Leute mehr Geld haben.

→ Ernährung, → Geld, → Werbung

Das Konsumverhalten

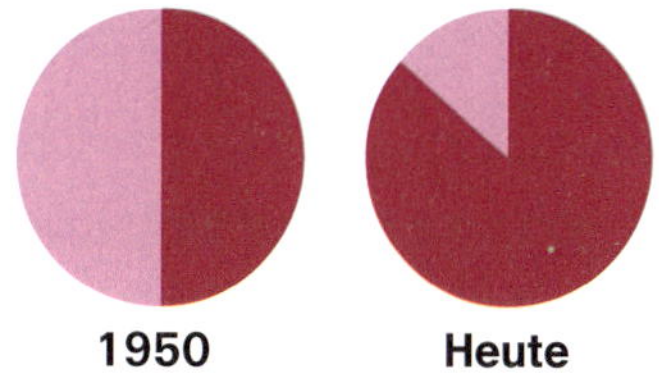

1950 wurde etwa die Hälfte des Einkommens für Nahrungsmittel ausgegeben, heute nur noch ein Sechstel.

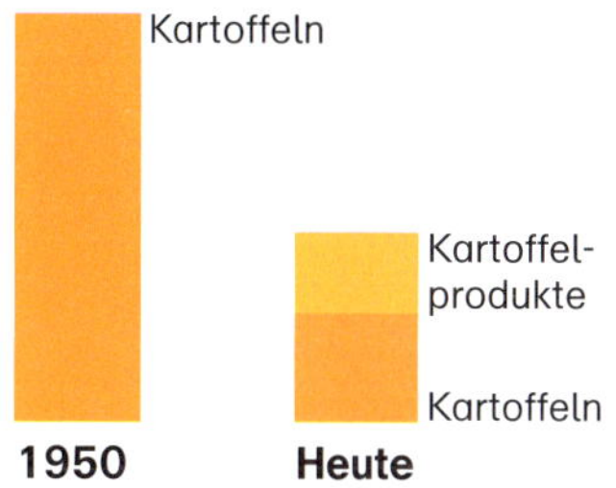

1950 aß jede Person in Deutschland etwa 150 kg Kartoffeln im Jahr. Heute isst jeder nur etwa 40 kg Frischkartoffeln, dazu noch etwa 30 kg Kartoffelprodukte (Pommes frites, Chips, Kartoffelpüree u. a.).

der Kontinent

Die großen Landmassen der Erde nennt man die sieben Erdteile oder Kontinente.

Früher sprach man immer von fünf Kontinenten. Deshalb besteht das Symbol der Olympischen Spiele auch aus fünf Ringen für Amerika, Asien, Australien, Afrika, Europa. Heute zählt man Nordamerika und Südamerika als eigene Kontinente. Die Antarktis gilt auch als Kontinent, obwohl sie weitgehend von Eis bedeckt ist, aber unter dem Eis befindet sich Land. Manchmal werden allerdings auch Europa und Asien nicht als getrennte Kontinente gezählt. Da sie zusammenhängen, spricht man dann von Eurasien. Früher waren alle Erdmassen mal ein zusammenhängender Kontinent.

→ Afrika, → Amerika, → Asien

Einwohner der Kontinente

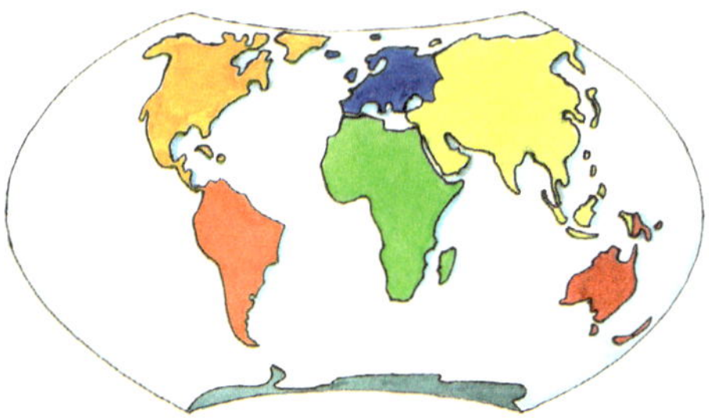

Nach der Einwohnerzahl ergibt sich folgende Reihenfolge:

1. Asien
2. Afrika
3. Europa
4. Nordamerika
5. Südamerika
6. Australien
7. Antarktis

K

das **Kraftwerk**

Elektrizität ist die am meisten verwendete Energie auf der Welt. Elektrizität hat den Vorteil, dass sie auf verschiedene Weise erzeugt wird und auf ziemlich einfache Weise überallhin transportiert werden kann.

Elektrizität wird meist in Kraftwerken erzeugt. Dabei wird vor allem Kohle, Erdöl, Gas, Atomkraft, Wasser oder Wind in Elektrizität umgewandelt. Weltweit wird die meiste Elektrizität in Kohlekraftwerken hergestellt. Es folgen Wasser- und Erdölkraftwerke. Die Anzahl von Atomkraftwerken nimmt zur Zeit kaum noch zu, weil viele Leute diese Art von Energieerzeugung und den Atommüll für gefährlich halten.

Aber auch die Erzeugung von Energie durch Verbrennung von Kohle ist nicht ohne Probleme. Bei der Verbrennung entstehen Gase, z. B. Kohlendioxid, die die Luft belasten und zu Klimaveränderungen beitragen. Deshalb gehört die Zukunft wohl der umweltverträglichen Energiegewinnung. Neben Wasser- und Windkraftwerken gehören dazu Solaranlagen, die die Kraft der Sonne nutzen und Erdwärmeanlagen. In den sonnigen, südlichen Ländern könnte bereits heute der im Haus benötigte **Strom** durch Solarzellen auf dem Hausdach gewonnen werden. Viele Menschen nutzen bereits die Sonnenkraft in Taschenrechnern mit Solarzellen und brauchen deshalb keine Batterien.

Kraftwerk Lippendorf bei Leipzig (Foto)
① Braunkohle-Förderband, ② Dampfkessel
③ Maschinenhaus für Turbinen und Generatoren,
④ Filteranlage für Rauchgas, ⑤ Ascheverwertung für Baustoffe, ⑥ Kühltürme mit Rauchgasableitung, ⑦ Gipsgewinnung, ⑧ Bürogebäude

→ *Elektrizität*, → *Energie*, → *Erdöl*, → *Gas*, → *Kohle*, → *Wasser*

Atomkraft
Atomkraftwerke sind auch Wärmekraftwerke. Hier werden Atomkerne gespalten. Dabei entsteht eine große Hitze. Damit wird Wasserdampf erzeugt, der treibt die Turbinen an. Bei der Spaltung der Atomkerne entstehen gefährliche radioaktive Strahlen.

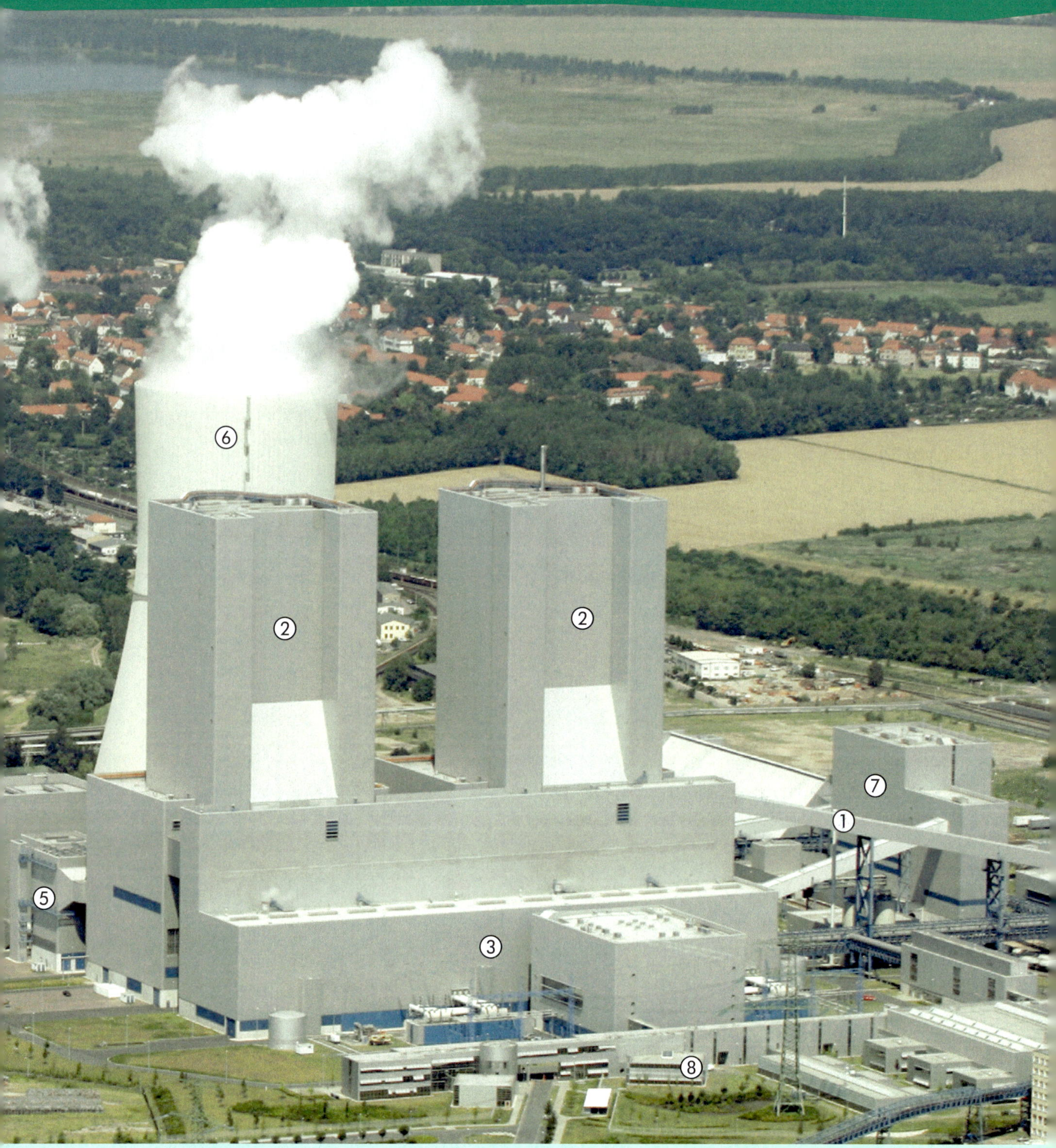

Wärmekraft
In Wärmekraftwerken wird Kohle, Gas oder Erdöl verbrannt. Die Wärme bringt Wasser zum Kochen. Der Dampf treibt Turbinen an und diese treiben einen Generator an. Ein Generator arbeitet wie ein riesiger Fahrraddynamo und erzeugt Strom.

Wasserkraft
Es gibt verschiedene Möglichkeiten, Wasserkraft zu Elektrizität umzuwandeln. Das fließende Wasser von Flüssen, das herabfließende Wasser an Stauseen oder die Gezeiten (Ebbe und Flut) können in Kraftwerken Turbinen antreiben.

Windkraft
Der Wind treibt die Flügel von Windrädern an. Sie drehen dann einen Generator und erzeugen so Strom. An der Küste und an anderen Orten stehen viele Windräder als Windpark nebeneinander. Der erzeugte Strom reicht für eine größere Region.

K

die **Kräuter**

Kräuter sind nützliche Pflanzen mit Blüten, von denen man Teile essen oder verarbeiten kann. Wildkräuter sind Kräuter, die wild auf Wiesen oder am Wegesrand wachsen und nicht gezüchtet werden.

Heilkräuter sind Kräuter, die bei bestimmten Krankheiten helfen können. Kamillentee oder Pfefferminztee helfen bei Magen-Darm-Erkrankungen.
Gewürzkräuter werden zum Kochen verwendet, da sie die Speisen würzen und verfeinern. Die beliebtesten Gewürzkräuter wie Basilikum, Schnittlauch oder Petersilie kann man auch im Topf züchten oder kaufen. Es gibt sie aber auch getrocknet im Glas zu kaufen.

→ *Droge*, → *Gesundheit*, → *Pflanze*

Kräuterspirale

Gewürzkräuter werden im Garten oft zwischen Steinen als Kräuterspirale angebaut.

die **Kultur**

Mit Kultur wird alles bezeichnet, was der Mensch selbst geschaffen, vereinbart und gestaltet hat.

Das bezieht sich auf alle Lebensbereiche, z. B. auf Wissenschaft, Musik, Technik, Kunst, Religion, Sprache, aber auch auf das Freizeitverhalten, das Zusammenleben und die Art, miteinander umzugehen. Jeder Mensch, jede Menschengruppe hat eine eigene Kultur. Meistens kennen wir nur die Merkmale der eigenen Kultur. Aber jede Zeit und jedes Volk hat eine eigene Kultur. Zur Kultur der alten **Ägypter** gehörte es z. B. Pyramiden zu bauen. Die Wikinger konnten die schnellsten Schiffe ihrer Zeit bauen und die Römer hatten große, komfortable Badehäuser. Zur ausgestorbenen Kultur der südamerikanischen Inkas gehörte es, Menschenopfer darzubringen.

Kulturelle Einrichtungen

Bücherei

Museum

die **Kunst**

Kunst hat viel mit Können zu tun, mit der Fähigkeit, etwas Schönes, Kreatives, Interessantes zu schaffen. Dabei geht es nicht nur um die Technik des Herstellens. Der Künstler bringt seine Gefühle und seine Sicht der Welt zum Ausdruck. Kunstwerke sollen beim Betrachter den Wunsch wecken, darüber nachzudenken und Bedeutungen zu erforschen. Picasso, der bekannteste Maler des 20. Jahrhunderts, sagte darum einmal: „Ich male die Gegenstände, wie ich mir sie denke." Kunstwerke spiegeln auch immer ihre Zeit, darum ändern sich ständig die Darstellungsweisen.

Zur Kunst gehören neben der Malerei auch die Bildhauerei, die Musik, der Tanz, die Literatur.

Eigentlich kann alles kunstvoll sein, wie Bauwerke, Gärten, Alltagsgegenstände, Fotografien, Plakate usw.

Zu allen Zeiten gab es Künstler, die Besonderes geschaffen haben: die Höhlenzeichnungen von Steinzeitmenschen, die Pyramiden der **Ägypter**, die lebensgroßen Marmorstatuen der Griechen, die Kirchen des Mittelalters.

Wenn man die Namen von großen Künstlern nennt, fällt auf, dass nur wenige Frauen dabei sind. Das hat damit zu tun, dass Frauen früher eine andere Stellung hatten als heute. Man hat ihnen den Platz im Haus und im Haushalt zugewiesen. Sie wurden nicht ausgebildet und durften sich nicht künstlerisch betätigen. Heute schaffen Frauen ganz selbstverständlich in allen Bereichen der Kunst Werke, die von allen Menschen auf der Welt beachtet und bewundert werden.

→ *Baustil*, → *Kultur*, → *Museum*, → *Pyramide*

Wolfgang Amadeus Mozart wurde 1756 in Salzburg (Österreich) geboren. Schon als Kind komponierte er und galt als Wunderkind. Er wurde nur 36 Jahre alt. Von der „Zauberflöte" gibt es eine sehr schöne Fassung für Kinder.

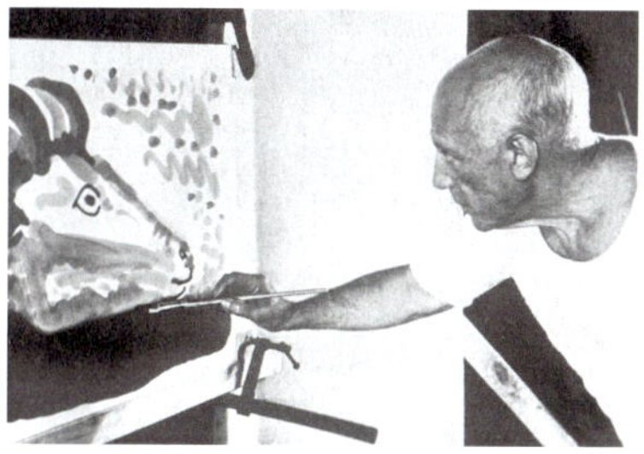

Pablo Picasso wurde 1881 in Spanien geboren und starb dort 1973. Mit 16 Jahren hatte er bereits die erste Kunstausstellung. Er gilt als der ideenreichste Maler des ganzen Jahrhunderts.

Gret Palucca wurde 1902 in München geboren. Sie war eine in der ganzen Welt berühmte Meisterin des Ausdruckstanzes. Später gründete sie in Dresden eine Ballettschule. Sie starb 1993.

das Labyrinth

Heute bezeichnet man manchmal einen Irrgarten als Labyrinth. Parks oder Grünanlagen sind so angelegt, dass hohe Hecken an beiden Seiten die Sicht nehmen.

Kreuzungen, Sackgassen und Irrwege erschweren das Finden des Ausganges. Solche Irrgärten werden als Attraktionen z. B. in Maisfeldern angelegt. Eigentlich ist ein Labyrinth aber ein verwinkeltes Bauwerk ohne kreuzende Gänge mit nur einem Eingang. In vorgegebenen, gewundenen Wegen geht man bis zur Mitte. Dann geht es vom Zentrum aus zurück zum Eingang. In manchen Kirchen ist so ein Labyrinth auf dem Boden gepflastert. Die Gläubigen gehen während des Gebets den Weg des Labyrinths.

Das Gebets-Labyrinth aus der Kirche von Chartres in Frankreich

→ *Kunst*

die Landkarte

Eine Landkarte zeigt einen gezeichneten Ausschnitt der Erdoberfläche. Er ist aber stark verkleinert und enthält nicht alle Einzelheiten. Manches ist vereinfacht als Zeichen oder mit einer bestimmten Farbe dargestellt.

Karten sind heute in der Regel eingenordet, d. h. oben auf der Karte ist Norden, unten Süden. Für den Leser der Karte erklärt eine Legende am Rand die Bedeutung der Zeichen und Farben. Die Verkleinerung geschieht in einem angegebenen Maßstab. Das ist das Verhältnis zwischen der abgebildeten Größe und der Größe in der Wirklichkeit. Karten haben oft verschiedene Themen: politische Karten zeigen die Grenzen der Länder, Wirtschaftskarten zeigen Bodenschätze oder landwirtschaftliche Nutzungen an.

→ *Geografie*, → *Globus*

die **Landwirtschaft**

Die Landwirtschaft dient der Herstellung von pflanzlichen und tierischen Produkten. Dabei steht die Produktion von Nahrungsmitteln im Vordergrund. Erst danach werden Rohstoffe wie Wolle, Leder, Leinen für die Herstellung von Kleidung genutzt. Wer in der Landwirtschaft arbeitet, wird als Landwirt bezeichnet.

Die meisten landwirtschaftlichen Betriebe haben sich entweder auf Tierhaltung oder Pflanzenproduktion spezialisiert.

Landwirte mit Tierhaltung halten oder züchten Schweine, Rinder, Schafe oder Geflügel. Landwirte mit Pflanzenproduktion betreiben Ackerbau (Getreide und Gemüse), Gartenbau (Obst und Blumen) oder Weinanbau.

Die heutigen Betriebe setzen verschiedene Maschinen ein, die die Arbeit erleichtern. Traktoren haben verschiedene Anhänger, die beim Säen, Pflügen oder Ernten eingesetzt werden. Melkmaschinen helfen beim Melken der Kühe.

Einige Landwirte erweitern ihre Produktion noch um einen eigenen Laden oder sie bieten Ferien auf dem Bauernhof an. Manche Landwirte haben auf ihren Feldern Windräder aufgebaut. Mit ihnen erzeugen sie Strom, den sie verkaufen können.

Die biologische Landwirtschaft bemüht sich, unter Beachtung des Umweltschutzes besonders schonend zu produzieren. Sie verwendet keine Chemie, Unkrautvernichtungsmittel oder künstlichen Dünger. Die Erzeugnisse werden als Bio-Produkte verkauft.

→ *Gemüse*, → *Getreide*, → *Haustier*, → *Kartoffel*, → *Obst*, → *Ökologie*, → *Produktion*, → *Umweltschutz*

?!

WUSSTEST DU DAS?

Schon in der Steinzeit begannen die Menschen, Landwirtschaft zu betreiben. Sie haben Tiere gehalten und Getreide und Gemüse angebaut. Die Nahrung war jedoch für den eigenen Gebrauch bestimmt. Die Arbeit der Landwirte war früher körperlich sehr anstrengend. Pferde oder Ochsen haben geholfen, die schweren Maschinen zu ziehen. Später erleichterten Maschinen die Arbeit.

L

die **Larve**

Einige Tiere werden nicht als das Tier geboren, das sie später sind. Aus den Eiern schlüpfen zunächst Larven. Das ist so beim Frosch, beim Schmetterling und vor allem bei Käfern.

Die Larven des Frosches heißen Kaulquappen, die des Schmetterlings Raupen und die der Käfer nennt man oft Maden. Die meisten Larven ernähren sich von Pflanzen, aber es gibt auch räuberische Larven, die andere Insekten fressen. Maikäfer leben sogar vier Jahre unter der Erde als Engerling und fressen dort Pflanzenwurzeln. Irgendwann verpuppen sich die Larven. Nach einiger Zeit schlüpft aus der Puppe ein bunter Schmetterling oder ein Käfer.

→ *Insekt*, → *Käfer*, → *Libelle*, → *Schmetterling*

Tiere und ihr Larvenstadium

Engerling und Maikäfer

Raupe und Schmetterling

Kaulquappe und Frosch

der **Laser**

Das Licht einer Glühlampe strahlt nahezu in alle Richtungen. Im Gegensatz dazu kann ein Lasergerät die Lichtstrahlen besonders eng bündeln.

Dieses gebündelte Licht ist sehr kräftig. Es wird manchmal nachts zu einer Lasershow benutzt. Aber es gibt wichtigere Anwendungen der Lasertechnik. Einige Geräte wie Kopierer und Drucker nutzen die Lasertechnik. CD- und DVD-Spieler tasten die Scheiben mit Laserstrahlen ab. Sie können so kräftig sein, dass sie Mauern oder Metallplatten durchschneiden. Besonders in der Medizin werden Laserstrahlen benutzt, z. B. bei Augenoperationen. Auch Zähne können mit Laserstrahlen schmerzfrei gebohrt werden. Bei anderen Operationen werden Laserstrahlen für genaue und feine Schnitte genutzt.

→ *Arzt*

Vorsicht, Laser!

Laserstrahlen können für unsere Augen gefährlich sein. Daher darf man nicht direkt in einen Laserstrahl blicken. Dieses Schild warnt vor Laserstrahlen.

das **Lernen**

Wir lernen jeden Tag etwas dazu: in der Schule, am Computer, beim Spiel, am Fernseher, durch Zuhören, Beobachten und vor allem durch eigenes Tun. Es gibt einige Tipps, wie man besser und schneller lernen und behalten kann, z. B.:

die **Libelle**

Die Libelle ist ein Insekt. Sie lebt an Seen oder Teichen. Dort legt sie ihre Eier ins Wasser oder heftet sie an Wasserpflanzen. Wenn die Larven geschlüpft sind, leben sie etwa zwei Jahre im Wasser und durchlaufen mehrere Larvenstadien.

Erst dann begeben sie sich an Land. An einem Zweig oder im Schilf hängen sie als Puppe und häuten sich dann zur Libelle. Die Libelle hat vier große, blau-grün schillernde Flügel. Sie kann sehr gut fliegen und schnell die Richtung ändern, wenn sie Beute erblickt. Auch kann sie rückwärts fliegen und in der Luft stehen bleiben.

Es gibt verschiedene Libellenarten. Sie können zwischen 2 und 12 cm groß werden. Eine Libelle hat große Facettenaugen, mit denen sie in alle Richtungen sehen kann. Das hilft ihr beim Jagen ihrer Beute wie Schmetterlinge, Fliegen oder Käfer.

Große Königslibelle

Mosaikjungfer

→ *Ei*, → *Insekt*, → *Larve*, → *Schmetterling*

L

das **Licht**

Unsere wichtigste Lichtquelle ist die Sonne. Fixsterne und Feuer sind weitere Lichtquellen. Künstliche Lichtquellen sind Kerzen und Glühlampen, die in verschiedenen Formen und Helligkeitsgraden leuchten.

Sonnenlicht erscheint uns weiß, besteht aber aus verschiedenen Farben.
Licht kann Körper und Materialien durchdringen, wenn diese durchsichtig sind. Undurchsichtige Materialien wie z.B. Holz halten das Licht auf. Auf der Seite, die dem Licht abgewandt ist, entsteht dann ein Schatten. Das Licht verbreitet sich in rasender Geschwindigkeit, nämlich mit 300 000 km in einer Sekunde. Damit ist das Licht schneller als der Schall.

→ *Energie,* → *Glühlampe,* → *Schall,* → *Schatten*

VERSUCH

Schneide in den Rand einer alten Postkarte einen schmalen Schlitz: etwa 2 mm breit, 2 cm hoch. Lege ein Blatt Papier auf den Tisch. Stelle die Karte auf das Papier. Halte eine Taschenlampe hinter die Karte. Was kannst du auf dem Papier beobachten? Ein Partner kann das Ergebnis aufzeichnen. Überlegt dann gemeinsam, was dieser Versuch über das Licht aussagt.

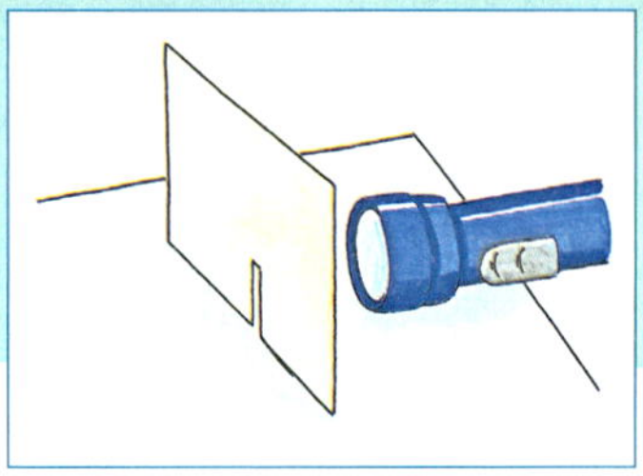

der **Löwe**

Der Löwe lebt in der Savanne Afrikas und ist dort das größte Raubtier. Daher wird er oft als König der Tiere bezeichnet.

Nur noch wenige Löwen leben in Asien. Außer dem Menschen hat er in der Natur keine Feinde. Löwen leben in Rudeln, bestehend aus 2–3 Männchen und bis zu 30 Weibchen. Die Weibchen bleiben ihr Leben lang in ihrem Rudel und sind dort für die Jagd und die Aufzucht der Jungen zuständig. Die Männchen führen Kämpfe aus und erobern sich ein Rudel, das sie dann verteidigen. Bei der Jagd treiben Löwen ihre Beute aufeinander zu. So können sie sogar Giraffen und junge Elefanten erlegen. Wenn sie satt sind, liegen sie gerne im Schatten und ruhen sich aus.

→ *Afrika,* → *Asien,* → *Elefant,* → *Giraffe,*
→ *Raubtier,* → *Savanne*

Löwenrudel

Löwenmännchen können bis zu 2,50 m lang und 1,20 m groß werden. Sie wiegen etwa 220 kg. Löwenweibchen sind deutlich kleiner. Nur die Männchen haben eine dichte, dunkle Mähne. Diese schützt sie bei Kämpfen vor Bissen in den Hals.

die **Luft**

Die Erde ist von einer Luftschicht umgeben. Man nennt sie Atmosphäre. Kein anderer Planet hat so eine Lufthülle. Deshalb ist es auch für Menschen nicht möglich, ohne Atemgeräte im Weltraum zu überleben. Alle Lebewesen, also Menschen, Tiere und Pflanzen, brauchen Luft zum Leben.

Luft ist ein Gemisch aus mehreren farblosen und geruchlosen Gasen. Dazu gehören unter anderem Stickstoff und Kohlendioxid. Ein Gas aus diesem Gemisch ist der **Sauerstoff**. Er ist die Grundlage für alles Leben.

Ohne Luft könnten wir nicht hören, denn Töne brauchen die Luft, um sich fortzubewegen. In einem luftleeren Raum kann man sich nicht unterhalten. Luft kann man nur sehen, wenn sie sich bewegt, also wenn z.B. der Wind Blätter bewegt. Beim Radfahren spüren wir manchmal den Luftwiderstand. Viele Fahrzeuge werden heute so gebaut, dass sie möglichst wenig Luftwiderstand haben. Sie sind dann schneller und brauchen weniger Treibstoff.

Luft hat ein Gewicht. Sie drückt auf die Erde. Auf Meereshöhe ist der Luftdruck normal. Je höher man steigt, desto geringer wird der Luftdruck und der Sauerstoffanteil wird immer weniger. Deshalb nehmen Bergsteiger oft auf sehr hohe Berge eine Sauerstoffflasche mit.

Warme Luft ist leichter und steigt hoch. Dann strömt aber sofort kältere Luft von unten nach. So entsteht ein Luftzug bzw. Wind. Das ist die Grundlage des Wetters und der Grund für einen Wetterwechsel.

→ *Atmung*, → *Gas*, → *Klima*, → *Vakuum*, → *Wetter*, → *Wind*

VERSUCH

1. Versuch: Luft braucht Platz

Schiebe einen Luftballon in eine Flasche und versuche, ihn aufzublasen.

2. Versuch: Luft hat Gewicht

Hänge zwei gleichschwere Luftballons an einen Drahtbügel. Piekse einen kaputt. Was passiert?

Luftwiderstand prüfen

M

das **Märchen**

Märchen sind frei erfundene Erzählungen, die sich nicht an die Wirklichkeit halten. Deshalb ist in Märchen alles möglich: Tiere können sprechen, Menschen zaubern.

Märchen gab es wahrscheinlich immer schon und auch bei allen Völkern. Sie wurden zunächst mündlich weitergegeben. Deshalb sind so viele verschiedene Fassungen entstanden. In Deutschland haben sich die beiden Brüder Grimm vor etwa 200 Jahren solche Märchen erzählen lassen und sie dann aufgeschrieben. 100 Jahre vorher hat dies in Frankreich Charles Perrault auch gemacht. Deshalb gibt es heute eine deutsche und eine französische Fassung von Rotkäppchen oder von Schneewittchen. Im Orient entstanden die Märchen aus 1001 Nacht.

Die Brüder **Jakob** und **Wilhelm Grimm** gaben 1812 „Deutsche Hausmärchen“ heraus, die sie ähnlich gesammelt hatten, wie der Franzose Perrault.

→ *Kultur*, → *Orient*

die **Maschine**

Maschinen sind Geräte, die dem Menschen körperliche Arbeit abnehmen oder erleichtern.

In der Regel wandeln sie eine Energieform in eine andere um: eine Bohrmaschine wandelt zum Beispiel elektrische Energie in eine Drehbewegung. Im 18. Jahrhundert wurde durch die Erfindung der Dampfmaschine eine rasante Entwicklung der Arbeitsmaschinen eingeleitet. Ihre Leistungskraft überstieg bei weitem das, was Menschen leisten konnten. Spinnmaschinen übernahmen die Arbeit von vielen hundert Menschen. Die Waren wurden schneller und billiger hergestellt, teils stieg die Qualität. Es entstand zum ersten Mal Arbeitslosigkeit. Heute werden meist Elektromaschinen eingesetzt.

Waschmaschinen früher und heute

→ *Arbeit*, → *Dampfmaschine*, → *Energie*, → *Hebel*

die **Medien**

Medien bieten die Möglichkeit, Informationen, Nachrichten und Bilder an viele Menschen zu verbreiten.

Die gesprochene Sprache war lange das einzige Medium, mit dem Menschen Informationen austauschen konnten. Mit dem Buchdruck entstanden die ersten gedruckten Medien. Später folgten Zeitungen, Zeitschriften und Comics. Manchmal werden sogar Kalender, Briefe und Plakate zu den Medien gezählt, da sie Menschen informieren. Heute gibt es Medien, bei denen man Nachrichten sehen oder hören kann, wie beim Radio, Film und Fernsehen. Zu den neuesten Medien gehören Telefon und Handy, Faxgeräte, CDs, Ipods, Videokameras und Computer mit dem Internet.

→ *Computer*, → *Film*, → *Handy*, → *Internet*

Die Vorläufer des Buches waren z. B. Papyrusrollen, auf denen die Ägypter schrieben. Diese gab es bereits vor 5000 Jahren.

das **Medikament**

Medikamente sind Mittel, die Menschen oder auch Tieren bei der Linderung oder Heilung von Krankheiten helfen können.

Medikamente werden aus Pflanzen, Pflanzenteilen oder aus Chemikalien hergestellt. In Fabriken werden die Arzneistoffe in eine geeignete Form gebracht, z. B. als Saft, Tablette, Tropfen, Salbe oder Tee.

Wichtig ist jeweils die Dosis der Arznei, also die Menge. Zu viele Medikamente können Schaden anrichten. Zu lange eingenommene Medikamente können z. B. abhängig machen. Die meisten Medikamente werden in Apotheken verkauft, weil ein Arzt dafür ein Rezept schreiben muss.

→ *Arzt*, → *Doping*, → *Droge*

?!

WUSSTEST DU DAS?

Im Mittelalter wurden in den Klostergärten Kräuter für Arzneien angebaut.

Sogenannte Kräuterfrauen kannten sich ebenfalls mit Kräutern aus. Sie versorgten heimlich Leute mit Medikamenten. Oft wurden sie dafür bestraft oder sogar als Hexen verbrannt.

der **Mensch**

Als Lebewesen gehört der Mensch zu den Säugetieren. Er bringt lebende Junge zur Welt und säugt sie.

Menschen und Menschenaffen sind zu einem großen Teil miteinander verwandt. Viele Tiere sind dem Menschen an Kraft überlegen. Aber Menschen haben ein leistungsfähigeres Gehirn. Sie können denken, fühlen und vor allem sprechen. Sie sind die einzigen Lebewesen, die aufrecht gehen, gezielt Werkzeuge anwenden und ihr Wissen weitergeben. Die Entwicklung zum heutigen Menschen dauerte mehrere Millionen Jahre. Vor etwa 1 Million Jahren lebte der Homo erectus (der aufrechte Mensch), der schon Steine als Werkzeuge benutzte. Der **Neandertaler**, dessen Überreste man zuerst im Neandertal bei Düsseldorf gefunden hat, kannte bereits vor etwa 100 000 Jahren das Feuer und Jagdwaffen. Der heutige Mensch stammt direkt vom Homo sapiens (der vernünftige Mensch) ab, der sich wahrscheinlich in Afrika entwickelt hat.

→ *Evolution,* → *Feuer,* → *Kultur,* → *Steinzeit,* → *Sinne*

Neandertaler

Homo sapiens

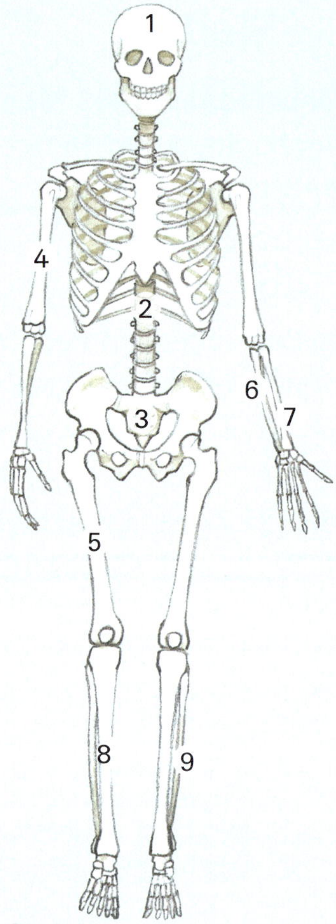

Skelett

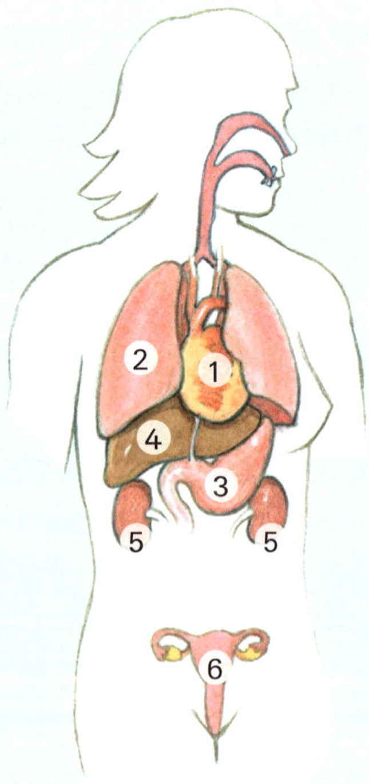

Organe

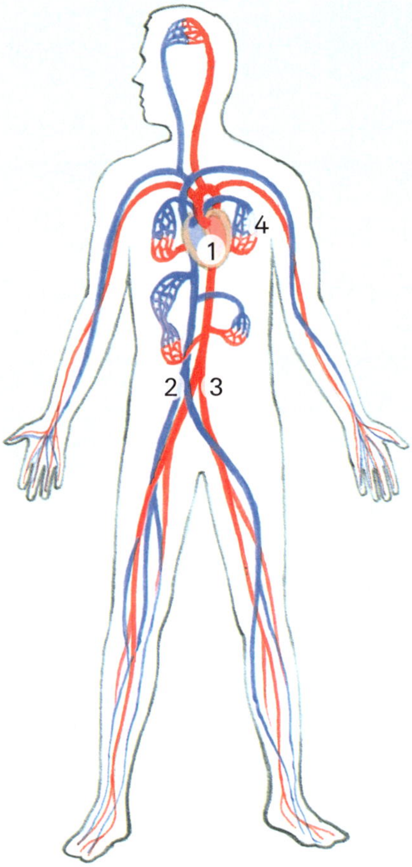

Blutkreislauf

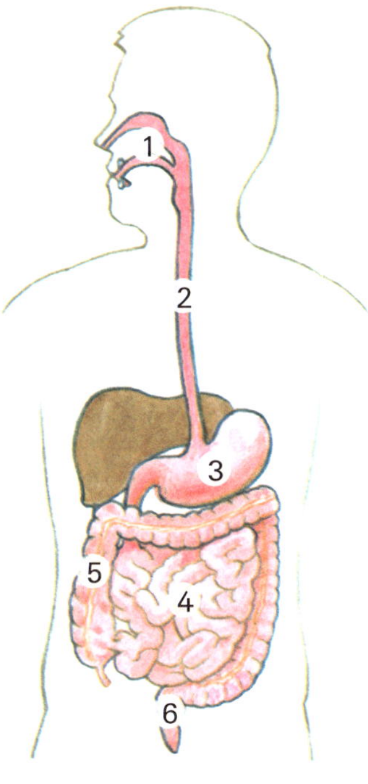

Verdauung

Skelett
1. Schädel
2. Wirbelsäule
3. Becken
4. Oberarm
5. Oberschenkel
6. Elle
7. Speiche
8. Schienbein
9. Wadenbein

Blutkreislauf
1. Herz
2. Adern: Venen
3. Adern: Arterien
4. Lunge

Organe
1. Herz
2. Lunge
3. Magen
4. Leber
5. Nieren
6. Geschlechtsteil

Verdauung
1. Mund
2. Speiseröhre
3. Magen
4. Dünndarm
5. Dickdarm
6. After

Das Skelett

Die **Knochen** bilden das **Skelett**. Der größte Teil des Skeletts ist die Wirbelsäule. Sie hält die Menschen aufrecht. Die Rippen bilden den Brustkorb. Sie schützen die meisten Organe. Die Schädelplatte im Kopf schützt das Gehirn. Viele Knochen sind durch Gelenke miteinander verbunden. Dadurch können wir uns bewegen.

Der Blutkreislauf

Wir haben etwa 5 l Blut im Körper. Es fließt durch Adern in alle Körperteile. Das **Herz** pumpt das Blut durch den Körper. Es schlägt bei einem ruhenden Menschen etwa 70-mal in der Minute. Diesen Herzschlag nennt man Puls. Das Blut transportiert Sauerstoff aus der **Lunge** und Nährstoffe in jeden Teil des Körpers.

Die Organe

Der Mensch hat 5 Sinnesorgane, mit denen er die Umwelt wahrnimmt: Augen, Ohren, Zunge, Nase und Haut. Andere Organe liegen im Körper, weshalb wir sie auch innere Organe nennen, z.B. das Herz.

Die Verdauung

Durch die Ernährung versorgen wir unseren Körper mit Kräften zum Wachsen und Gesundbleiben. Die zerkaute Nahrung rutscht mit Hilfe des Speichels durch die Speiseröhre in den Magen. Dieser knetet sie durch und macht sie flüssig. Im Dünndarm gelangen die Nährstoffe ins Blut. Im Dickdarm werden die Nahrungsreste gesammelt und dann als Kot aus dem After ausgeschieden.

die **Menschenrechte**

Vor über 200 Jahren wurden Rechte, die jeder Mensch haben sollte, in England, Frankreich und Amerika beschrieben. Im Grundgesetz der Bundesrepublik Deutschland sind sie seit 1949 festgeschrieben. Sie dürfen nicht verändert oder abgeschafft werden.

Die Menschenrechte garantieren unter anderem,
dass jeder frei seine Meinung sagen darf,
dass er Beruf und Wohnsitz frei wählen darf,
dass jeder vor dem Gesetz gleich ist,
dass Männer und Frauen gleichberechtigt sind,
dass jeder frei seine Religion ausüben darf,
dass jeder ein Recht auf Leben hat.

→ Demokratie, → Freiheit, → Toleranz

?! WUSSTEST DU DAS?

Menschenrechte gelten fast überall. Aber sie werden nicht überall geachtet.

Menschenrechtsorganisationen wie Amnesty International kämpfen auf der ganzen Welt für die Einhaltung der Menschenrechte.

das **Metall**

Metalle findet man in der Natur selten in reiner Form. Es muss meist aus metallhaltigem Gestein gewonnen werden. Metallhaltiges Gestein nennt man Erz.

Eisen wird z. B. in Hochöfen aus Eisenerz herausgeschmolzen. Alle Metalle – bis auf Quecksilber – sind starr und undurchsichtig. Alle leiten sie gut Strom und Wärme. Viele haben einen grauen Glanz; Kupfer allerdings glänzt rötlich, Messing gelblich und bei Gold und Silber sagt es bereits der Name. Edle und seltene Metalle wie Gold, Silber und Platin werden oft zu Schmuck verarbeitet. Sie verändern sich kaum und verrotten nicht. Eisen dagegen wird durch Feuchtigkeit rostig und ist ohne Schutzlackierung schnell zerfressen. Wegen der Verwendung von Metallen werden die Zeiten, die der Steinzeit folgten, Bronzezeit und Eisenzeit genannt.

→ Stahl, → Steinzeit

Gegenstände aus Metall

Silbermünze

Goldring

Stahltopf

Kupferpfanne

Messingleuchter

Alukoffer

das **Mineral**

Mineralien sind feste Stoffe unserer Erdkruste, die nicht aus Lebewesen entstanden sind.

Mineralien sind oft Kristalle und unterscheiden sich durch Farbe, Durchsichtigkeit, Glanz, Härte, Gewicht. Diese Eigenschaften sind auch für ihre jeweilige Verwendung entscheidend. Einige Mineralien wie Diamanten, Smaragde, Opale werden als Schmucksteine geschliffen.
Für unseren Körper sind Mineralien lebenswichtig, zum Beispiel zum Aufbau der Knochen. Mit unseren Nahrungsmitteln nehmen wir in geringem Maße immer auch Mineralstoffe auf, zum Beispiel Eisen in Fleisch und Eiern, Kalzium im Käse, Jod im Kochsalz. Im Mineralwasser sind viele wichtige Mineralien gelöst wie Eisen, Salz, Kalzium oder Kalium.

→ *Erde*, → *Ernährung*, → *Mensch*

Aus Eisenerz wird Eisen gewonnen.

Ein Diamant ist das härteste Material der Erde.

der **Minister**

Die Regierung der Bundesrepublik Deutschland wird vom Bundeskanzler oder von der Bundeskanzlerin geleitet. Zur Regierung gehören auch die Minister oder Ministerinnen.

Minister bedeutete früher Diener. Heute dienen Minister dem Staat. Sie leiten ein Ministerium. Das ist eine Behörde, in der Beamte die Beschlüsse der Regierung und des Parlaments ausführen. Jeder Minister ist für einen bestimmten Bereich zuständig. So gibt es einen Minister für Umwelt, für die Landwirtschaft oder die Verteidigung. Der Außenminister ist zuständig für das Verhältnis zu anderen Staaten. In den Bundesländern gibt es auch Minister.

→ *Bundesländer*, → *Demokratie*, → *Deutschland*, → *Wahl*

Bundesministerium für Bildung und Forschung

Bundesministerium der Verteidigung

Bundesministerium für Gesundheit

Bundesministerium für Familie, Senioren, Frauen und Jugend

M

das **Mittelalter**

Das Mittelalter wird so genannt, weil es zwischen Altertum und Neuzeit liegt. Meistens wird der Beginn auf das Jahr 500 und das Ende auf das Jahr 1500, also die Zeit nach der Entdeckung Amerikas, festgelegt.

Im Mittelalter wurde das Christentum in ganz Europa verbreitet. Die Religion hatte im Alltag eine große Bedeutung. Die Kirche stand mitten im Dorf und alle gingen sonntags hinein. Ab 800 wurden Schulen von Mönchen geleitet. Fast alle alten Kirchen im romanischen oder gotischen Baustil stammen aus dem Mittelalter. Überall entstanden Burgen. Über die Ritter, die auf den Burgen lebten, wurde viel überliefert. Ihre Rüstung wog oft bis zu 30 kg und war so schwer, dass die Ritter damit alleine gar nicht mehr aufs Pferd steigen konnten. Sie wurden darauf gehoben.

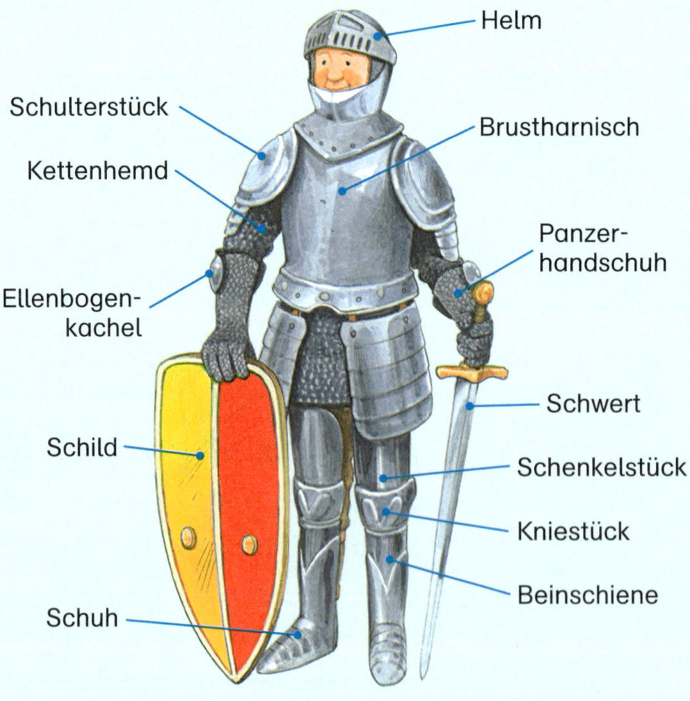

→ *Baustil*, → *Römer*, → *Stadt*

Die Fürsten, Adeligen und Ritter waren die Landesherren. Auch den Mönchen und Geistlichen ging es gut. Am schlechtesten erging es den Bauern. Die meisten waren so genannte Leibeigene. Heute würde man sie Sklaven nennen. Sie mussten hart arbeiten und von ihrer Ernte einen großen Teil an die Herren abgeben, auf deren Land sie lebten.

Um die Burgen herum siedelten sich Menschen an. Bei Kriegen fanden sie als „Bürger" Schutz in der Burg. Es wurden bald Spezialisten gebraucht, die Brot backen, Mehl mahlen, Bier brauen oder Truhen zimmern konnten. So entstanden im Mittelalter die verschiedenen Handwerkerberufe. Aus dieser Zeit stammen viele der heutigen Nachnamen, wie Schmied, Schneider und Müller.

M

die **Mode**

Meist denkt man beim Wort „Mode“ sofort an Kleidung, die zur Zeit modisch ist, also von vielen getragen wird. Doch viele andere Dinge sind ebenfalls der Mode unterworfen: Baustile, Möbel, Nahrungsmittel, Musik, Tänze, Ferienziele oder Hunderassen.

Bei Kleidung zeigt sich der Modewandel am schnellsten und deutlichsten. Auf alten Fotos erkennt man den Wechsel von Farben und Formen. Auch wer nicht jeden Modetrend mitmachen will, hat oft gar keine andere Wahl, denn die Kaufangebote sind modisch ausgerichtet und die bekannte alte Machart oder Farbe gibt es gar nicht mehr zu kaufen.

Modehäuser wechseln meistens zweimal im Jahr ihre Kleidungsangebote (Kollektionen), um die Leute zum Kauf anzuregen. Mal gilt Rot als Modefarbe, dann Weiß, dann Blau. Mal sind die Stoffe einfarbig, dann geblümt oder kariert.

Die Modeschöpfer zeigen zweimal im Jahr ihre neu entworfene Kleidung. Auf Modeschauen zeigen männliche oder weibliche Models auf einem Laufsteg die neue Mode.

Um die Lager von den alten Teilen zu räumen, richten die Geschäfte nach einer Saison, z.B. nach dem Winter, Räumungsverkäufe ein. Meist sind dann gute, neue Sachen deutlich preiswerter. Nur Jeans sind in den letzten Jahrzehnten immer beliebt geblieben, wenn sich auch der Schnitt ein wenig geändert hat.

Die Materialien wechseln, wobei es hier auch technische Fortschritte gibt, z.B. regendichte Stoffe oder Stoffe, in denen man nicht so schnell schwitzt.

→ *Baustil*, → *Konsum*, → *Kunst*, → *Musik*, → *Weben*

Mode im Wandel der Zeit

das **Moor**

Vor etwa 10 000 Jahren ging bei uns eine Eiszeit zu Ende. An tieferen Stellen sammelte sich Wasser zu Seen. Vom Uferschlamm aus wuchsen Pflanzen immer weiter in den See hinein. Im Laufe der Zeit starben sie ab und setzten sich auf dem Boden ab. Das geschah immer wieder und über lange Zeit. Schließlich war der See völlig zugewachsen.

Darüber wuchs nur noch Torfmoos und erstickte mit seinem dichten Polster alle anderen Pflanzen. Man sagt: der See ist verlandet. Die Pflanzenreste wurden im Laufe der Jahre zu Torf.

Immer schon haben die Anwohner von Mooren den Torf abgebaut, um ihre Hütten zu heizen. Später hat man den Torf industriell im großen Maße abgebaut, teils auch zum Heizen, vor allem aber als Zusatz zur Gartenerde. Dazu hat man breite und tiefe Gräben durch das Moor gegraben. Durch die Gräben wurde das Moor entwässert. Dann konnte die Torfschicht viele Meter tief abgebaut werden bis zur richtigen festen Bodenschicht. Auf diesen Flächen wurde dann Landwirtschaft betrieben.

Ein Moor entsteht

Heute stehen die Moore unter Naturschutz. Es darf keine Landwirtschaft mehr betrieben werden. Man schüttet teils die Entwässerungsgräben zu und überlässt das Moor sich selbst, damit es sich wieder zurückentwickelt.

Es gibt viele Pflanzen und Tiere, die nur in Mooren leben können, z. B. der Sonnentau, eine fleischfressende Pflanze, und der Moorfrosch.

→ *Landwirtschaft*, → *Naturschutz*

M

der **Müll**

Nicht nur in den Haushalten, auch in den Betrieben fallen große Mengen Müll an. Doch die Restmüllmenge wurde reduziert, weil vieles als Wertstoff gesammelt und recycelt wird (Papier, Glas, Textilien). Die Entsorgung einiger Stoffe ist nicht ungefährlich für die Umwelt.

Früher wurde Müll einfach in die Landschaft geworfen. Es zeigten sich deutliche Umweltschädigungen, so dass andere Möglichkeiten der Entsorgung gefunden werden mussten. Heute wird der meiste Hausmüll in Müllverbrennungsanlagen bei hohen Temperaturen verbrannt. Dabei fallen immer noch Schadstoffe an. Manchmal wird die anfallende Wärme allerdings als Fernwärme genutzt. Schadstoffe werden gesondert entsorgt und dürfen nicht verbrannt werden.

→ *Abfall*, → *Recycling*

Schadstoffmobil

Im Schadstoffmobil können z.B. alte Batterien oder Farben abgegeben werden.

die **Muschel**

Muscheln sind sogenannte Weichtiere. Sie haben zwei harte, fest schließende Schalen, die den weichen innen liegenden Körper schützen.

Durch eine seitliche Atemöffnung gelangt Wasser mit kleinsten Pflanzen und Wassertierchen als Nahrung in die Kiemen. Sie werden herausgefiltert. Muscheln gibt es in großer Vielfalt an Form, Farbe und Größe. Oft sind die Schalen nicht gleich gewölbt. Manchmal ist die obere kleiner und flach wie ein Deckel. An den Rändern schließen sie aber genau. Sie werden durch starke Muskeln fest aufeinander gepresst. Muscheln können sich schwimmend fortbewegen. Sie leben im Süß- und im Salzwasser. Zur Fortpflanzung legen Muscheln Eier.

→ *Schnecke*, → *Tier*, → *Watt*

In einer Muschel kann eine Perle entstehen, wenn ein Sandkorn sich innen festgesetzt hat. Zwischen der Muschelschale und dem Muschelkörper bildet sich Perlmutt um das Sandkorn. Manchmal wächst es zu einer großen Perle heran.

das **Museum**

In einem Museum gibt es große Räume und freie Flächen. Dort werden z. B. Kunstwerke, Gegenstände und Dokumente ausgestellt, die wertvoll, selten, interessant sind und nicht in Vergessenheit geraten sollen.

In den Kunstmuseen werden Gemälde von bestimmten Malern oder zu besonderen Themen ausgestellt. Freilichtmuseen zeigen, wie Menschen in der Vergangenheit gelebt und gearbeitet haben. Oft wurden ganze Museumsdörfer gebaut, die aus alten Häusern bestehen. In ihnen werden alte Möbel und Geräte ausgestellt und alte Handwerke vorgeführt. In Kindermuseen dürfen Kinder die Gegenstände nicht nur ansehen, sondern meist auch anfassen.

→ *Kultur*, → *Kunst*, → *Schloss*

Im Freilichtmuseum

Archäologisches Freilichtmuseum Groß Raden

die **Musik**

Musik entsteht, wenn man Töne erzeugt. Musik wird aus Freude gemacht und sie spricht Gefühle an. Zur Musik gehören das Singen und Spielen von Instrumenten.

Die Menschen haben schon in der Steinzeit Musik gemacht und gehört. Dazu wurden Mammutknochen zum Blasen und Schlagen benutzt.

Es werden immer neue Musikstile erfunden. Diese unterscheiden sich durch die Wahl der Instrumente, den Rhythmus, die Melodien, die Harmonie. Einige Stile verzichten auf Gesang, andere, wie Hip-Hop oder Rap, setzen auf Sprechgesang. Elektronische Musik wird mit dem Computer erzeugt. Im Radio oder in Musiksendern wird meist Popmusik (populäre Musik) gespielt.

→ *Instrument*, → *Komponist*, → *Orchester*, → *Steinzeit*

Ein Komponist schreibt die Noten für sein Lied oder sein Musikstück in ein Liniensystem. Die Sänger oder Musiker wissen dann, wie hoch und wie tief sie singen oder spielen müssen. Die Art der Noten gibt an, wie lang, wie kurz und wie schnell die Töne klingen sollen.

das **Nagetier**

Nagetiere gehören zu den Säugetieren. Ihren Namen haben sie ihrem Gebiss zu verdanken. Die Zähne der Nagetiere wachsen ein Leben lang nach. Die meisten Nagetiere sind Pflanzenfresser und benötigen ihre scharfen Zähne zum Aufnagen harter Schalen.

Nagetiere können fast überall leben: Biber leben am Wasser, Murmeltiere in den Bergen, Kängururatten in Wüsten, Eichhörnchen auf Bäumen und Mäuse suchen Gänge unter der Erde. Einige Nagetiere, wie Murmeltiere oder Siebenschläfer, halten Winterschlaf. Einige Nagetiere werden auch als Haustiere gehalten, z. B. Hamster, Meerschweinchen, Rennmäuse.

→ *Haustier*, → *Säugetier*, → *Winterschlaf*, → *Zahn*

Biber

Biber bauen Dämme und nagen dafür ganze Bäume um.

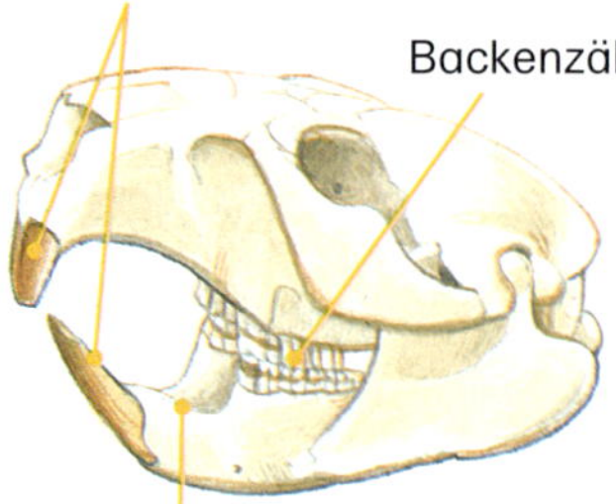

der **Naturschutz**

Naturschutz will natürliche Landschaften und die darin lebenden Pflanzen und Tiere sichern und sie vor dem Aussterben schützen. Dazu sind auch Gesetze erlassen worden.

In roten Listen sind die gefährdeten Tiere und Pflanzen aufgeführt. Unter Naturschutz stehen z. B. alle Singvögel, Igel und Fledermäuse. Geschützt sind naturnahe Landschaften wie Moore, Heide, Wald- und Vulkangebiete sowie Gebirgslandschaften. Ein großer Naturpark ist der Bayerische Wald. Er ist geschützter Lebensraum für Tiere und Pflanzen und Erholungsort für Menschen. Es gibt in Deutschland etwa 1500 kleinere Naturschutzgebiete. Hier dürfen Besucher die Wege nicht verlassen, das Pflücken von Pflanzen, das Stören der Tiere und die Landwirtschaft sind hier verboten.

→ *Gebirge*, → *Moor*, → *Pflanze*, → *Tier*, → *Wald*

Geschützte Tiere und Pflanzen

Silberdistel Igel

das **Obst**

Alle für den Menschen essbaren Früchte werden Obst genannt. Obst enthält roh besonders viele wichtige Vitamine und Mineralien für unseren Körper. Daher gehört es zu einer gesunden Ernährung. Es gibt verschiedene Obstsorten:

Kernobst wie der Apfel und die Birne enthalten Kerne.
Steinobst hat einen Stein in der Mitte. Dazu gehören Kirschen, Pfirsiche und Pflaumen.
Zum **Beerenobst** zählen Erdbeeren, Himbeeren oder Stachelbeeren.
Die harte Schale von **Schalenobst** wie bei Haselnüssen und Esskastanien ist nicht essbar.
Südfrüchte wie Kiwis, Ananas, Bananen und Orangen kommen aus warmen Ländern.

→ *Ernährung*

Obst schmeckt in vielen Formen:

Es gibt Säfte oder Smoothies, Getränke aus Fruchtpüree.

Obst kann durch Einkochen, als Kompott, Marmelade oder Gelee länger haltbar gemacht werden.

Viele Obstsorten können getrocknet werden. Besonders oft gibt es Apfelringe, Aprikosen, Pflaumen, Rosinen und Datteln als Trockenobst.

die **Ökologie**

Die Ökologie ist eine Wissenschaft, die erforscht, wie die Umwelt und die darin lebenden Pflanzen und Tiere voneinander abhängen.

Wie müssen Klima, Nahrungsangebot und die Umgebung gestaltet sein, damit Lebewesen die optimalen Lebensbedingungen vorfinden? Wenn sich die Umwelt durch Umweltverschmutzung verändert, verändern sich oft auch die darin lebenden Pflanzen und Tiere. Es kommt vor, dass einige Arten aussterben, andere vermehren sich oder siedeln sich neu an. Oft ist dann das ökologische Gleichgewicht gestört. Der Umweltschutz bemüht sich, dieses Gleichgewicht wieder herzustellen.

→ *Klima*, → *Pflanze*, → *Tier*, → *Umweltschutz*

Ökologen haben herausgefunden, dass reine Fichtenwälder sehr anfällig für Sturmschäden sind. Dann werden große Waldflächen komplett vernichtet. Mischwälder, die aus Laub- und Nadelbäumen bestehen, sind besser geschützt. Daher sollen zunehmend Mischwälder entstehen.

O

das **Orchester**

In einem Orchester spielen Musiker gemeinsam auf ihren verschiedenen Instrumenten das Werk eines Komponisten.

Im Theater sitzen die Musiker zwischen Bühne und Publikum im sogenannten Orchestergraben. Ein Dirigent, der vor dem Orchester steht, zeigt den Musikern ihre Einsätze an. Die Zusammensetzung und die Größe des Orchesters ist nicht immer gleich. Der Komponist bestimmt, welche Instrumente seine Musik spielen sollen. Den Grundstock eines klassischen Orchesters bilden Streichinstrumente wie Geige, Cello und Bass. Neben den Schlaginstrumenten wie der Pauke gehören verschiedene Blasinstrumente zum Orchester, wie Trompete, Posaune, Oboe und Fagott.

→ *Instrument*, → *Komponist*, → *Musik*, → *Quartett*

Gewandhausorchester in Leipzig

Das Gewandhausorchester in Leipzig ist mit ca. 180 Musikern das größte Berufsorchester in der Welt. Es blickt auf eine über 250-jährige Geschichte zurück. Seinen Namen hat es seit 1781, weil es im Haus der Tuchwarenhändler (Gewandhaus) spielte.

der **Orient**

Mit Orient bezeichneten die Römer die Himmelsrichtung Osten und die Länder östlich von Rom. Weil von uns aus gesehen morgens die Sonne im Osten aufgeht, nannte man diese Gegend auch Morgenland.

Manchmal meinte man mit „Orient" auch Asien bis Indien oder sogar China. Später verstand man darunter die Türkei und die arabischen Staaten. Der Orient wurde als reiche, aber geheimnisvolle Welt angesehen. Arabische Kaufleute brachten auf Schiffen Gewürze wie Pfeffer, kostbare Seide und Schmuck meist nach Ägypten. Vieles wurde auch mit Karawanen herangeschafft. Dort kauften dann italienische Kaufleute die Waren und brachten sie auf die europäischen Märkte.

→ *Asien*, → *Wüste*

Gewürzmarkt im Orient

das **Papier**

Schon vor Christi Geburt kannte man in China die Kunst der Papierherstellung. Dann lernten es die Araber und Ende des 12. Jahrhunderts stellte man auch in Deutschland Papier her.

Heute wird Papier aus feinem Holzschliff, Zellstoff, Altpapier, Lumpen, Leim, Farbstoffen und Wasser hergestellt. Aus den Zutaten wird ein Brei hergestellt. Er wird gewalzt, teils gebleicht, getrocknet und schließlich geschnitten. Es gibt ca. 3000 verschiedene Papiersorten. Je nach Verwendungszweck werden teure oder preiswertere Rohstoffe benutzt. Papier ist ein preiswerter Werkstoff, dennoch sollte man sparsam damit umgehen, denn zur Herstellung werden viel Wasser und Strom gebraucht.

→ *Material*, → *Medien*, → *Recycling*, → *Wasser*

VERSUCH

Reiße Zeitungspapier in kleine Stücke. Gib Wasser dazu. Quirle alles zu einem Papierbrei①. Gehe mit einem Sieb in diesen Brei und hebe es waagerecht hoch②. Stürze den Faserbrei auf ein Tuch ③. Presse das Wasser heraus. Noch trocknen lassen, dann ist dein Blatt schreibbereit④.

das **Pferd**

Kraft, Schnelligkeit und Ausdauer haben das Pferd zu einem der frühesten Haustiere und Helfer der Menschen werden lassen.

Vor 50 Millionen Jahren gab es ein nur 40 cm großes Urpferd. Als Vorgänger der heutigen Pferde gilt jedoch das Przewalski-Pferd aus Asien, das allerdings auch noch kleiner war (etwa1,20 m). Je nach Verwendungszweck züchtete man verschiedene Pferdearten: schwere, große Arbeitspferde oder schlanke, schnelle Rennpferde für den Freizeitbereich. Das kleinste Pferd ist das Shetland-Pony (etwa 60 cm groß). Es ist gutmütig und wird manchmal zu kranken oder behinderten Kindern geführt. Pferde haben drei Gangarten: Schritt, Trab und Galopp.

→ *Freizeit*, → *Haustier*, → *Landwirtschaft*

Arbeitspferd

Rennpferd

P

die Pflanze

Pflanzen sind Lebewesen, die es überall auf der Welt gibt: im Wasser, in den Bergen, in der Wüste und in Kälteregionen. Sie haben sich sehr gut an das Leben in der jeweiligen Region angepasst. In der Kälte wachsen nur niedrige Pflanzen, in der Wüste gibt es Pflanzen, die mit wenig Wasser auskommen.

Die ersten Pflanzen lebten vor 2,3 Milliarden Jahren als Algen im Wasser. Erst später entstanden Landpflanzen wie Moose, Farne, Kakteen, Sträucher, Bäume und Blütenpflanzen. Essbare Pflanzen wie Obst, Gemüse, Getreide und Kräuter sind für Menschen lebenswichtig.

Fast alle Pflanzen enthalten **Chlorophyll**. Dieser Farbstoff lässt die Blätter grün aussehen. Das Chlorophyll hilft der Pflanze, ihre Nahrung selber aus Wasser, dem Kohlendioxid der Luft und dem Sonnenlicht herzustellen. Das Kohlendioxid wandeln sie in ihren Blättern in Kohlenhydrate und Sauerstoff um. Den Sauerstoff brauchen Menschen und Tiere zum Atmen. Den Vorgang nennt man Photosynthese.

Im Herbst wird kein Chlorophyll mehr produziert und die Blätter färben sich bunt. Der Baum lässt zwischen Blatt und Ast eine dünne Korkschicht wachsen, dadurch fallen die Blätter vom Baum. So schützt sich der Baum im Winter vor Austrocknung.

Pflanzen bilden für viele Tiere die Lebensgrundlage. Sie bieten ihnen Schutz und Nahrung. Regenwald, Dschungel und Wald bestehen aus vielen verschiedenen Pflanzen, die auf engem Raum zusammenleben.

→ *Dschungel*, → *Gemüse*, → *Getreide*, → *Kräuter*, → *Mensch*, → *Obst*, → *Pilz*, → *Regenwald*, → *Tier*, → *Wald*

REKORDE

Die Venusfalle ist eine fleischfressende Pflanze. Sie ernährt sich zusätzlich von kleinen Insekten.

Wasserlinsen gehören zu den kleinsten Blütenpflanzen. Sie sind nur etwa 0,4 mm groß.

Die Titanenwurz ist die größte Blütenpflanze der Welt. Ihr Blütenstand kann über 2,90 m hoch werden und ihr Umfang beträgt 1,50 m. Sie blüht nur sehr selten für etwa 1–2 Tage. Meist beginnt sie abends zu blühen, über Nacht verströmt sie einen Duft, der Fliegen anlocken soll, um sie zu bestäuben.

die **Physik**

Die Physik erforscht und beschreibt Vorgänge in der unbelebten Natur. Dabei beobachten, experimentieren, messen und bewerten die Wissenschaftler.

Ihre Ergebnisse versuchen sie in allgemeinen Gesetzen zu beschreiben. Physiker untersuchen viele Bereiche: Elektrizität, Licht, Schall, Bewegung, Kraft, Wärme bis zu den Eigenschaften der kleinsten Teile unserer Welt, den Atomen. Berühmte Physiker waren vor über 2000 Jahren der Grieche Archimedes, der u. a. die Hebelkraft entdeckt hat. Vor etwa 400 Jahren entdeckte Isaac Newton die Gesetze der Schwerkraft. Der Engländer Michael Faraday hat vieles zur Elektrizität herausgefunden.

→ *Elektrizität,* → *Licht,* → *Spiegel*

Im Sachunterricht der Grundschule geht es bereits um Fragestellungen und Arbeitsweisen der Physik.

der **Pilz**

Pilze zählen nicht zu den Pflanzen und nicht zu den Tieren. Sie bilden eine eigene Gruppe. Was wir von den Pilzen sehen, sind die farbigen Fruchtkörper, meist mit Stiel und Hut.

Pilze haben kein Blattgrün. Sie enthalten unter dem Hut Sporen. Sind sie reif, fallen die Sporen heraus und sorgen für die Vermehrung. Pilze verfügen über ein unterirdisches Pilzgeflecht, das Nährstoffe aus verfaulenden Ästen, Blättern oder auch toten Tierkörpern saugt. Es hilft somit bei der Bildung von fruchtbarem Humusboden. Wer gerne Pilze isst, muss beim Sammeln gut aufpassen. Es gibt giftige und essbare Pilze, die sich sehr ähnlich sehen. Champignons aus den Geschäften stammen aus Zuchtanlagen und sind ungiftig.

→ *Pflanze,* → *Wald*

Giftige und essbare Pilze

Braunkappe

Fliegenpilz (giftig)

Champignon

Grüner Knollenblätterpilz (giftig)

P

die **Politik**

In jeder Menschengruppe – in der Familie, in der Klasse, in einer Stadt oder in einem Land – gibt es verschiedene Interessen. Um einen Ausgleich der Interessen zu erreichen, ist ein geschicktes Handeln nötig.

Durch Fordern, Nachgeben, Diskutieren, gegenseitiges Verstehen und Akzeptieren können in der Familie oder in der Klasse Lösungen gefunden werden, mit denen alle zufrieden sind. Das ist politische Mitentscheidung. In der Gemeinde und im Staat versuchen Politiker in den Parteien, die verschiedenen Ziele und Interessen abzustimmen. Manche Politiker haben sich für bestimmte Fragen spezialisiert. Man sagt dann z. B.: sie kümmern sich um Schulpolitik oder um Gesundheitspolitik oder sie sind Verkehrspolitiker. Sie sind für eine bestimmte Zeit gewählt worden, um die Interessen der Wähler zu vertreten.

→ Demokratie, → Wahl

Kinderparlament

Kinder sollten bei Fragen mitbestimmen, die sie betreffen. Das gilt für die Familie und für die Schule. Viele Gemeinden und auch der Bundestag in Berlin berufen hin und wieder ein Kinderparlament ein. Hier können Kinder selbst mitreden, Kritik einbringen, ihre Wünsche äußern und eigene Vorschläge machen.

das **Portfolio**

Jeder Mensch macht seine eigenen Lernerfahrungen. Er gestaltet etwas, findet etwas heraus, denkt sich etwas aus. Die Ergebnisse dieser Lernerfahrungen können gesammelt und aufbewahrt werden. Diese Sammlung kann Portfolio genannt werden.

Mit dem Portfolio kann der Lerner sein Können und seine Arbeitsweise darstellen und auch feststellen, wie er sich entwickelt hat. Der Lerner entscheidet selbst, welche Dokumente, welche Ergebnisse und welche Überlegungen zu seinem Lernen er sammelt. Dabei kann er sich von Mitschülern, Eltern oder Lehrern beraten lassen.

→ Feedback, → Lernen, → Präsentieren, → Schule

das **Präsentieren**

Wer etwas weiß oder etwas herausgefunden hat, kann sein Wissen auch anderen mitteilen und zeigen. Dies nennt man präsentieren. Es gibt verschiedene Möglichkeiten, etwas zu präsentieren, z. B.:

Eine Ausstellung
Bei einer Ausstellung zeigt man, was man gesammelt oder hergestellt hat. Zu einer Ausstellung lädt man andere ein.

Ein Steckbrief
Ein Steckbrief informiert kurz über das Wichtigste von einer Pflanze, einem Tier, einem Menschen oder einer Sache.

Ein Vortrag
Ein Experte, der von einer Sache viel weiß, kann andere durch einen Vortrag informieren.

Ein Plakat
Ein Plakat kann werben und informieren. Es kann aber auch Ergebnisse präsentieren.

die **Produktion**

Alles, was von Menschen hergestellt wird, sind Produkte. Die Herstellung der Produkte nennt man Produktion.

Wird das Produkt in der Industrie gefertigt, spricht man von einem Industrieprodukt. Hier wird ein Produkt meist arbeitsteilig von mehreren Menschen und Maschinen hergestellt. 1910 ließ Henry Ford in den USA zum ersten Mal ein Auto an einem Fließband bauen. In der Industrie werden heute oft Roboter eingesetzt. Diese Maschinen sind programmiert, arbeiten selbstständig und ersetzen Menschen.
In der Landwirtschaft erzeugt man landwirtschaftliche Produkte. Auch im handwerklichen Bereich werden Dinge produziert. Die fertigen Produkte können verkauft werden. Wird mehr produziert, als verkauft werden kann, spricht man von einer Überproduktion. Mit der Filmproduktion ist das Drehen eines Films nach einem Drehbuch gemeint.

→ *Film*, → *Industrie*, → *Konsum*, → *Landwirtschaft*, → *Roboter*

Produktion am Fließband

In der Produktionsstraße werden die Donuts zuletzt noch mit Zuckerguss glasiert.

P

die Pubertät

Zwischen dem 10. und 14. Lebensjahr beginnen die Mädchen geschlechtsreif zu werden, die Jungen etwa ein Jahr später. Jungen und Mädchen sind nun auf dem Weg, Männer und Frauen zu werden. Diese Zeit nennt man Pubertät.

Jungen und Mädchen wachsen Haare im Schambereich und unter den Armen, den Jungen auch im Gesicht. Mädchen bekommen Brüste, Jungen den Stimmbruch und eine tiefere Stimme. Mädchen bekommen ihre erste Menstruation (Monatsblutung), Jungen können einen ersten Samenerguss (Pollution) haben. Während der Pubertät ändert sich meist nicht nur körperlich etwas, sondern auch an den Gefühlen, Einstellungen und Interessen.

→ *Fortpflanzung*, → *Mensch*, → *Sexualität*

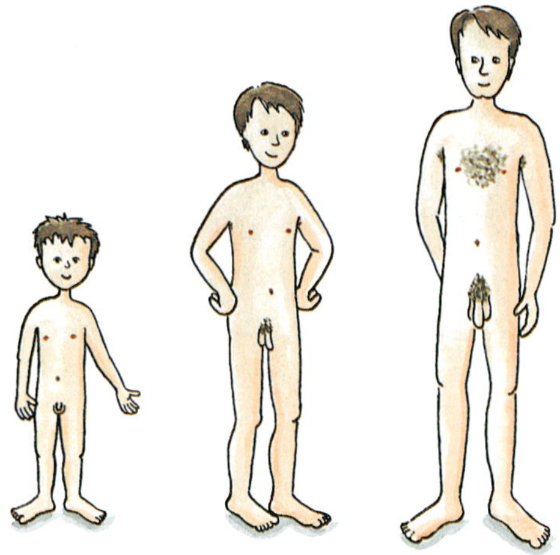

Entwicklung zum Mann

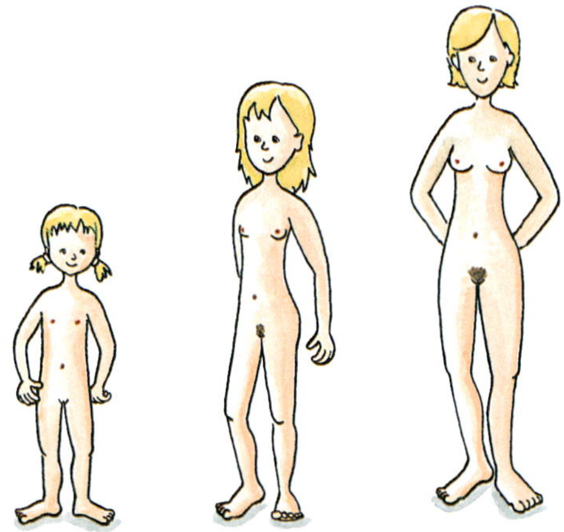

Entwicklung zur Frau

die Pyramide

Eine Pyramide ist ein geometrischer Körper. Sie besteht meist aus einer quadratischen Grundfläche und vier dreieckigen Seitenflächen.

Vor etwa 5000 Jahren haben sich ägyptische Pharaonen in dieser Form große Grabanlagen bauen lassen. Bis heute weiß man nicht genau, wie die Menschen es geschafft haben, aus den großen Steinen die Pyramiden zu bauen. Vermutlich waren tausende Menschen jahrelang mit dem Bau beschäftigt. Der Eingang zur Pyramide wurde versteckt angelegt. Es gab mehrere Geheimgänge, nur einer führte zur Grabkammer. Diese war gut versteckt, da sie den Sarg mit der Mumie und viele Grabbeigaben wie Schmuck, Kleidung und Lebensmittel enthielt.

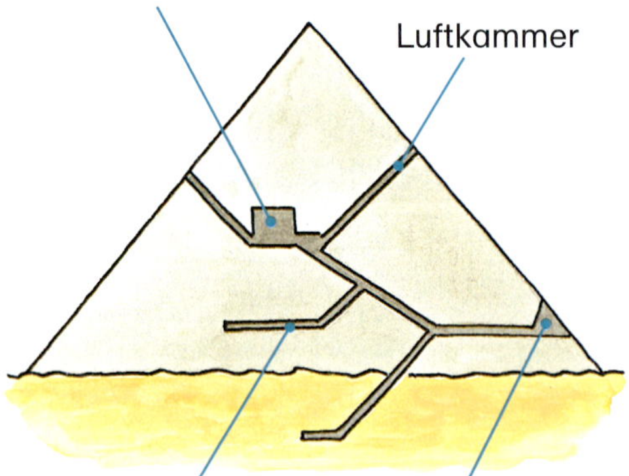

→ *Afrika*, → *Hebel*, → *Labyrinth*

das **Quartett**

Mit Quartett wird meist eine Gruppe von vier Personen bezeichnet. Das Wort ist verwandt mit dem lateinischen Wort für vier.

In der Musik gehören zu einem Streichquartett vier verschiedene Streichinstrumente.
Ein Vokalquartett besteht aus vier Sängern, die in unterschiedlichen Tonlagen singen.

Ein Quartett kann aber auch ein Kartenspiel sein, das man mit nur zwei Personen spielen kann. Es besteht meist aus 32 Karten. Bei diesem Spiel gehören immer vier Karten zusammen. Man muss versuchen, diese vier Karten zu sammeln. Wer die meisten Quartette gesammelt hat, hat gewonnen.

→ *Musik*, → *Spiel*

Kartenspiel

Es gibt Quartette mit Tieren, Autos, Comicfiguren und zu allen möglichen Themen.

die **Quelle**

Eine Quelle entsteht, wenn Grundwasser an die Erdoberfläche kommt. Die meisten Quellen entspringen im Gebirge und werden zu einem kleinen Bach oder einem Quellsee.

Das Wasser einer Quelle ist meist sehr sauber und enthält viele für den Körper wichtige Mineralien. Es wird oft für Trinkwasser verwendet oder als Mineralwasser in Flaschen abgefüllt und verkauft.

Es gibt auch Quellen, aus denen warmes Wasser kommt. Diese nennt man Thermalquellen. Das Wasser wurde im Erdinneren auf mindestens 20 °C aufgewärmt.

Geysire sind ebenfalls heiße Quellen. Bei ihnen wird das Wasser jedoch hoch in die Luft gespritzt. Es gibt sie z. B. in Island.

→ *Gebirge*, → *Mineral*, → *Römer*, → *Wasser*

Thermalquellen

Thermalquellen sollen heilende Wirkung haben und die Muskulatur entspannen. Die Römer haben schon vor über 2000 Jahren in diesem Wasser gebadet. Und vor über 1000 Jahren badete Kaiser Karl der Große in den warmen Quellen von Aachen.

die Rakete

Raketen sind Flugkörper, die nach dem Rückstoßprinzip funktionieren. In den Triebwerken wird Treibstoff verbrannt. Dabei stößt die Rakete nach hinten heiße Gase aus. Diese Gase treiben die Rakete voran. Je nach Art und Menge des mitgeführten Treibstoffs können Raketen große Entfernungen zurücklegen. Hierzu können sie sogar die Erdatmosphäre verlassen und in den Weltraum fliegen.

Raketen werden besonders dazu eingesetzt, um unbemannte Satelliten in den Weltraum zu bringen. Das können Fernmeldesatelliten sein, die unser Fernsehprogramm zur Erde strahlen, oder Forschungssatelliten, die unser Sonnensystem erkunden.

Auch Menschen können mit Raketen in den Weltraum gebracht werden. Apollo 11 war eine bemannte Rakete, mit der Menschen 1969 erstmals zum Mond geflogen sind. Heutzutage fliegen Menschen mit Raketen z. B. zur internationalen Raumstation ISS. Ein Traum des Menschen ist es, eines Tages bis zum Mars zu fliegen.

Wegen der Fähigkeit der Rakete, sehr schnell große Entfernungen zurückzulegen, wird sie nicht nur für friedliche Zwecke genutzt. So wurden schon die ersten Raketen entwickelt, um im Krieg als Waffe zu dienen. Sie werden von Flugzeugen, Hubschraubern oder Schiffen abgeschossen und transportieren Sprengstoff. Damit sollen Gebäude zerstört werden. Leider sterben auch oft unschuldige Menschen bei Raketentreffern.

→ *Raumfahrt*

VERSUCH

Ziehe eine etwa 3 m lange Kordel durch einen Strohhalm und halte sie straff. Befestige einen Luftballon mit Tesafilm an dem Strohhalm. Puste den Luftballon jetzt auf und lasse ihn los.

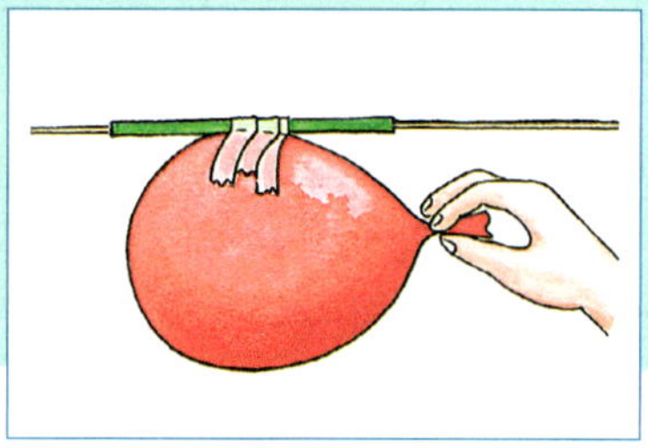

Auch unsere Silvesterraketen arbeiten mit dem Rückstoßprinzip. Solche Raketen gab es in China schon seit einigen hundert Jahren.

das **Raubtier**

Raubtiere kommen auf allen Kontinenten, an Land und im Wasser vor. Nur Säugetiere werden Raubtiere genannt. Andere räuberische Tiere wie Adler oder Haie gehören nicht dazu.

Alle Raubtiere wie Löwen, Bären, Wölfe, aber auch Robben und Walrosse jagen und fressen andere Tiere. Einige Raubtiere ernähren sich ausschließlich von Fleisch, andere zusätzlich noch von Pflanzen. Alle Raubtiere haben große und kräftige Zähne, mit denen sie ihre Beute erlegen.

Raubtiere töten andere Tiere nur, wenn sie Hunger haben. Sie haben eine wichtige Aufgabe in der Natur. Sie erlegen schwache Jungtiere oder alte, kranke Tiere, die in der Natur nicht mehr alleine überlebensfähig sind.

Die Art, wie Raubtiere andere Tiere jagen, ist sehr unterschiedlich. Einige Tiere hetzen ihre Beute zu Tode, andere schleichen sich an und erlegen die Beute mit einem schnellen Angriff. Löwen leben in Rudeln und jagen gemeinsam. Dadurch gelingt es ihnen, auch größere Tiere zu fangen. Seelöwen umkreisen Fischschwärme, um sie zu fangen. Bären sind Einzelgänger und jagen alleine.

Alle Raubtiere werden in zwei Gruppen unterteilt: in katzenartige und hundeartige Raubtiere. Zu den katzenartigen gehören z. B. Katzen, Geparden, Tiger, Löwen, Schleichkatzen, Hyänen. Zu den hundeartigen gehören z. B. Hunde, Bären, Pandas, Robben, Walrosse, Füchse und Wölfe.

→ *Löwe*, → *Pflanze*, → *Säugetier*

Eines der kleinsten Raubtiere ist das Mauswiesel. Es wiegt nur etwa 50 g.

Der südliche See-Elefant lebt in der Antarktis. Er ist eines der größten Raubtiere und wiegt etwa 4000 kg. Er kann bis zu 1400 m tief tauchen. Dort jagt er nach Fischen und Tintenfischen.

Wölfe gehören zu den am strengsten geschützten Tieren auf der Welt. Nach 150 Jahren gibt es ab 1990 in Deutschland wieder ca. 50 freilebende Wölfe.

R

die Raumfahrt

Vor über 100 Jahren hat der französische Schriftsteller Jules Verne einen Zukunftsroman geschrieben: Von der Erde zum Mond. Durch eine Kanone werden darin Menschen auf den Mond geschossen. Heute weiß man, dass das nicht geht. Aber die Reisezeit hatte Verne bereits richtig berechnet.

Nur mit einer Rakete gelingt es, die Atmosphäre und die Anziehungskraft der Erde zu überwinden. Die Raketen haben mehrere Stufen mit Brennstoff. Wenn er verbrannt ist, werden sie leer abgeworfen. Die Saturn-Rakete ① für den ersten Mondflug hatte z. B. drei Stufen. Nur die oberste Stufe umkreiste den Mond.

1957 gelang es Russland einen Sputnik ②, den ersten Satelliten, ins All zu schießen. Zwei Jahre später schossen sie eine Rakete auf den Mond. 1961 umkreiste Juri Gagarin ③ als erster Kosmonaut die Erde. Ein Jahr später gelang das auch dem Amerikaner John Glenn. 1963 umkreiste Valentina Tereschkowa als erste Frau die Erde.

1969 betrat als erster Mensch Neil Armstrong ④ den Mond. Er sagte dabei: „Dies ist ein kleiner Schritt für einen Menschen, aber ein großer Schritt für die Menschheit.“ Insgesamt betraten bei mehreren Mondflügen 12 Amerikaner den Mond.

Russen gelang es, ein Roboterfahrzeug ⑤ sanft auf dem Mond zu landen. Es brachte Gesteinsproben zum Untersuchen auf die Erde zurück.

Einige Jahre haben Russen und Amerikaner die Raumstation MIR zusammen betrieben. Sie war zuletzt nicht mehr sicher. Deshalb gibt es nun die ISS ⑥, eine neue große Raumstation.

➔ *Rakete*, ➔ *Sonnensystem*

Satelliten
Der Sputnik war der erste Satellit im All. Heute fliegen dort hunderte. Einige senden Telefongespräche weiter. Einige senden Fernsehprogramme um die Welt. Sie werden von Satellitenschüsseln empfangen. Auch Navigationsgeräte empfangen Signale von Satelliten. Großen Nutzen haben wir von Wettersatelliten. Sie können z. B. den Weg von Wirbelstürmen anzeigen.

Astronauten, Kosmonauten, Taikonauten
Die Amerikaner nannten ihre Raumfahrer Astronauten und die Russen ihre Kosmonauten. Der erste Deutsche im All war Siegmund Jähn, der in einer russischen Sojus-Rakete mitfliegen durfte. 2008 sind auch chinesische Raumfahrer im All gewesen. Sie heißen Taikonauten.

Laika
Das erste Lebewesen im All war übrigens die Hündin Laika. Die Russen haben sie mit einer Rakete hochgeschossen, um zu erforschen, wie z. B. die Atmung und der Blutkreislauf in der Schwerelosigkeit des Weltraums funktionieren.

Space Shuttle
Space Shuttle ⑦ sind wiederverwendbare Raumfahrzeuge. Die USA schießen Shuttles seit 1981 mit Raketen von Raketenstartrampen ⑧ ins All. Sie bringen Satelliten ins All, reparieren sie oder holen sie zurück zur Erde. Außerdem bringen sie Besatzungsmitglieder und Fracht zur ISS und führen wissenschaftliche Experimente durch.

die Recherche

Wer zu einem Thema etwas erfahren will, muss recherchieren, also eine Recherche machen. Er kann Experten befragen oder in Büchern nachschlagen. Heute sucht man meistens Informationen im Internet. Auch viele Kinderseiten haben eine solche Suchmaschine.

Du willst vielleicht etwas über Pyramiden erfahren.
Dazu gibst du zum Beispiel auf der Seite

www.blinde-kuh.de

in dem Suchfeld das Wort „Pyramide" ein.

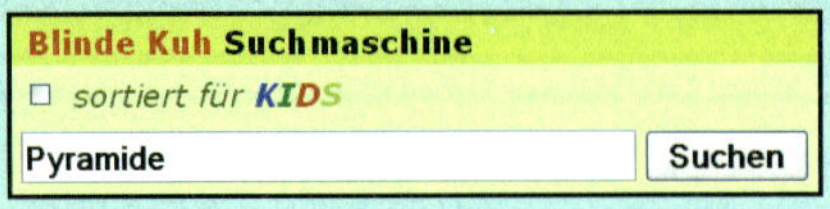

Klicke dann mit der linken Maustaste auf den Knopf „Suchen".

Danach zeigt der Bildschirm dir, was der Computer an Texten und Bildern gefunden hat, z. B.:

Pyramiden in Südamerika
Pyramiden und Pharaonen
Die Cheops-Pyramide
Die Pyramide von Gizeh
Geheimnisse der Pyramiden

Klicke auf eines dieser Stichwörter und der Computer zeigt dir alles, was er gefunden hat.

Oft ist es nicht das, was du erwartet hast, dann musst du es mit einem anderen Stichwort versuchen.

das Recycling

Recycling ist ein englisches Wort, das übersetzt etwa „in den Kreislauf zurückführen" heißt. Gemeint sind die Abfälle, die durch verschiedene Verfahren wieder genutzt werden können.

Während früher Abfälle weggeworfen und auf Deponien gelagert wurden, versucht man heute, möglichst viele Stoffe zu recyclen. Dadurch werden die Rohstoffvorräte der Erde geschont, die Abfallberge verringert und die Umwelt geschont. Viele Materialien wie Papier, Pappe, Glas, Textilien, Metalle und einige Kunststoffe lassen sich gut und leicht recyclen. Probleme gibt es oft mit Verpackungen, die aus unterschiedlichen Materialien bestehen und sich nicht gut trennen lassen, z. B. Pappe mit Alu-Beschichtung. Bei allem Erfolg des Recyclings gilt jedoch: Der beste Abfall ist der, der nicht entsteht.

?! WUSSTEST DU DAS?

Papier und Glas sind die Stoffe, die besonders intensiv recycelt werden. Bei der Herstellung von Papier wird Altpapier eingesetzt. Kartons und Pappe bestehen sogar vollständig (man sagt: zu 100 Prozent) aus Altpapier.

→ *Abfall*, → *Müll*

der **Regenwald**

Der Regenwald ist ein besonders artenreicher Wald, der in tropischen Gebieten vorkommt. Dort ist es sehr warm und es regnet regelmäßig, oft sogar täglich. Regenwälder kommen in Afrika, Australien und Südamerika vor. Die Regenwälder Asiens nennt man meist Dschungel.

Der Regenwald ist über hunderte von Jahren natürlich und ohne menschliche Eingriffe gewachsen. Er hat mehrere Stockwerke. Auf den Boden fällt nur wenig Licht, so dass nur Pilze und Farne wachsen können. Dort leben Tiere wie Waldelefanten, Jaguare, Krokodile, Ameisen und Spinnen. Auf den Ästen der Kronenschicht wachsen Orchideen oder Kletterpflanzen wie Lianen, da sie dort genügend Licht bekommen. Die Kronenschicht ist dicht bevölkert von Tieren wie Affen und Faultiere, aber auch von Papageien und Kolibris. Darüber hinaus wimmelt es von Schlangen, Schmetterlingen, Heuschrecken, Fröschen und sogar Regenwürmern.

?!

WUSSTEST DU DAS?

Die Stämme der riesigen Urwaldbäume können einen Durchmesser von 5 m haben. Die meisten, wie zum Beispiel Mahagoni und Palisander, haben eine sehr auffällige, schöne Maserung. Sie werden gefällt, weil das Holz teuer verkauft werden kann. Oft werden die Flächen auch einfach abgebrannt. Wo Regenwald einmal zerstört ist, wächst kein neuer mehr. So wird der Regenwald täglich kleiner.

Viele Umweltschützer kämpfen dafür, den Regenwald mit seiner Artenvielfalt zu erhalten.

WWF
for a living planet

→ *Affe*, → *Afrika*, → *Amerika*, → *Australien*, → *Dschungel*, → *Pflanze*, → *Tier*, → *Umweltschutz*

R

die **Religion**

Wer glaubt, dass die Welt von übernatürlichen Kräften gelenkt wird, wer an einen Gott oder mehrere glaubt, ist religiös, hat eine Religion.

In den Grundschulen und weiterführenden Schulen gibt es Religionsunterricht.
Im katholischen oder evangelischen Unterricht geht es um den christlichen Glauben, aber auch um das Wissen über die Religion. Über den Sinn des Lebens, die Bibel, das Alte und das Neue Testament wird gesprochen und nachgedacht. Auch die anderen Religionen, wie z.B. der Islam und das Judentum, sind Thema im Religionsunterricht. Gemeinsame Feste stärken den Zusammenhalt der Religionsgemeinschaft.

Die Teilnahme am Religionsunterricht ist freiwillig. Eltern entscheiden dies für ihre Kinder. Jugendliche ab 14 Jahre können das selbst entscheiden.

das **Reptil**

Reptilien gehören zu den Wirbeltieren. Krokodile, Echsen, Schlangen und Schildkröten sind Reptilien. Sie atmen mit Lungen und haben eine trockene, mit Hornschuppen besetzte Haut.

Reptilien wachsen ihr ganzes Leben lang. Schlangen häuten sich daher, bei Krokodilen wird die Hornhaut durch Abrieb erneuert. Die meisten Reptilien legen Eier. Nur wenige, wie die Kreuzotter, bekommen lebende Junge. Reptilien sind wie Amphibien wechselwarm. Ihre Körpertemperatur entspricht der Umgebungstemperatur. Wenn es kalt ist, bewegen sich Reptilien nur wenig. Viele Arten leben in Wüsten und warmen Gebieten. Reptilien benötigen nur selten Nahrung. Daher jagen sie nur, wenn sie Hunger haben. Sie fressen Insekten, Vögel, Eier und kleine Säugetiere, gelegentlich auch Pflanzen.

→ *Amphibien*, → *Ei*, → *Insekt*, → *Säugetier*, → *Vögel*

?! **WUSSTEST DU DAS?**

Galapagos-Riesenschildkröten können über 150 Jahre alt werden.

Die Tigerpython kann bis zu 7 m lang werden. Ihre Beute erwürgt sie, bevor sie sie frisst.

Salzwasserkrokodile erreichen eine Körperlänge von 7 m.

der **Rhein**

Der Rhein ist 1320 km lang und der längste Fluss in Deutschland. Er entspringt in den Schweizer Alpen. Von da aus fließt er durch Österreich, Deutschland und die Niederlande bis zur Nordsee.

Er bildet die Grenze zu Frankreich und Liechtenstein. Am Rhein haben sich viele große Städte wie Duisburg mit Häfen und wichtigen Industrieanlagen angesiedelt. Daher wird er von vielen Containerschiffen befahren. Der Rhein bietet Lebensraum für viele Fische, Muscheln, Schnecken, Insekten und Vögel. Darüber hinaus ist er ein beliebtes Ausflugsziel, denn an den Ufern stehen viele Burgen. An den Hängen des Rheins wird Wein angebaut und aus seinem Wasser wird Trinkwasser gewonnen.

→ *Brücke*, → *Deutschland*, → *Europa*, → *Hafen*, → *Schiff*

Pegel Köln mit mechanischer Pegeluhr

Die Pegeluhr zeigt den Wasserstand des Rheins. Der kleine Zeiger zeigt die Meter, der große die Dezimeter des Wasserstandes an: 3,8 m.

der **Roboter**

Roboter kommt vom tschechischen Wort für Arbeit. Roboter sind Maschinen, die von Computern gesteuert werden.

Sie werden so programmiert, dass sie einen bestimmten Bewegungsablauf immer wieder durchführen können. In der Industrie werden Roboter benutzt, um Materialien zu bewegen oder Werkzeuge zu bedienen. Teilweise ersetzen sie bereits menschliche Arbeitskraft. Einige Roboter müssen vom Menschen ferngesteuert werden. Es wird noch lange dauern, bis ein Roboter den Menschen in allen Bereichen ersetzen kann, denn er kann nicht denken und selbstständig reagieren.

→ *Arbeit*, → *Industrie*, → *Maschine*, → *Technik*

Roboter werden oft in der Automobilindustrie eingesetzt.

R

die **Römer**

Einer Sage nach wurde Rom von den Zwillingen Romulus und Remus gegründet. Das soll etwa 750 Jahre vor Christus gewesen sein. Von dieser Stadt aus weiteten die Römer ihre Herrschaft bald auf ganz Italien aus.

Dann eroberten sie zunächst das ganze Gebiet um das Mittelmeer. Später gelangten sie auch in das Gebiet der heutigen Länder Frankreich, Deutschland und sogar England. Deutschland nannten sie Germanien. In Germanien bauten sie eine 550 km lange Grenze, den Limes. Er bestand aus einer 2–3 m hohen Mauer oder einem Zaun, dahinter waren ein Wall und ein Graben. Etwa alle 500 m stand ein Wachturm.

In den neuen Gebieten verbreiteten die Römer ihre Kultur: Sie gründeten Städte, bauten Häuser aus Ziegelsteinen mit Bädern und Heizungen. Wenn die Germanen die Neuheiten der Römer nicht kannten, haben sie deren Wort übernommen. Deshalb stammen noch heute viele Wörter von den Römern, z.B. Straße (strata), Fenster (fenestra), Mauer (murus). Im Gegensatz zu den Germanen trugen die Römer feine Kleider. Ihre Tunika bestand aus zwei zusammengenähten Stücken Stoff mit Öffnungen für Kopf und Arme. Frauen trugen außerdem eine Stola. Sie hatten bereits Schuhe, Sandalen und Stiefel aus Leder.

Die Römer verehrten viele Götter, wie den Meeresgott Neptun, den Kriegsgott Mars, die Jagdgöttin Diana und Jupiter, den höchsten Gott. Im 3. Jahrhundert n. Chr. wurde Rom christlich. Im 4. Jahrhundert eroberten germanische Stämme Rom. Das römische Reich zerfiel. Heute kann man in Rom noch viele bauliche Überreste des Römischen Reiches besichtigen.

→ *Germanen,* → *Kultur,* → *Stadt,* → *Xanten*

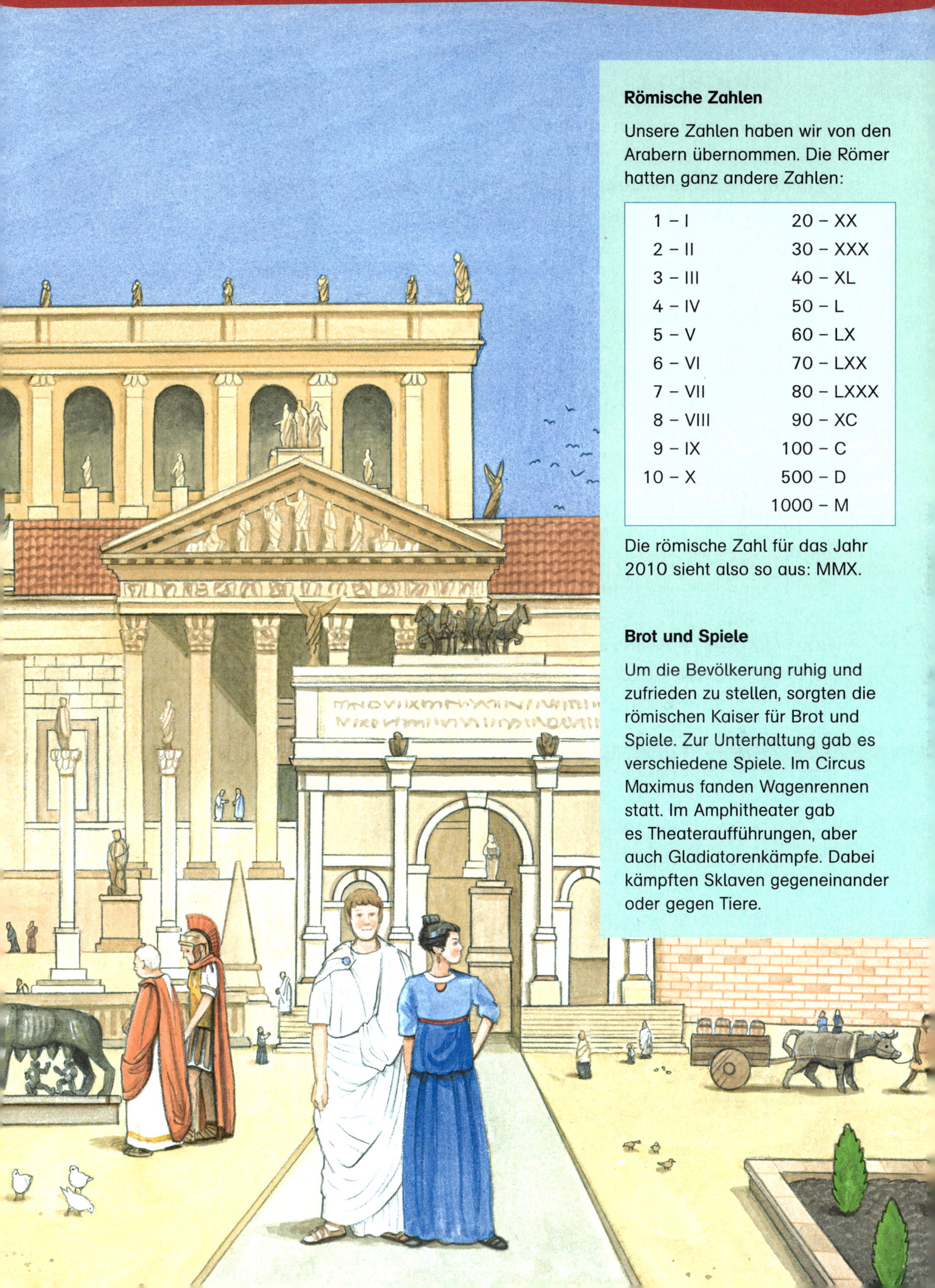

Römische Zahlen

Unsere Zahlen haben wir von den Arabern übernommen. Die Römer hatten ganz andere Zahlen:

1 – I	20 – XX
2 – II	30 – XXX
3 – III	40 – XL
4 – IV	50 – L
5 – V	60 – LX
6 – VI	70 – LXX
7 – VII	80 – LXXX
8 – VIII	90 – XC
9 – IX	100 – C
10 – X	500 – D
	1000 – M

Die römische Zahl für das Jahr 2010 sieht also so aus: MMX.

Brot und Spiele

Um die Bevölkerung ruhig und zufrieden zu stellen, sorgten die römischen Kaiser für Brot und Spiele. Zur Unterhaltung gab es verschiedene Spiele. Im Circus Maximus fanden Wagenrennen statt. Im Amphitheater gab es Theateraufführungen, aber auch Gladiatorenkämpfe. Dabei kämpften Sklaven gegeneinander oder gegen Tiere.

das Säugetier

Säugetiere kommen in allen Regionen auf allen Kontinenten und in allen Meeren vor. Die meisten Säugetiere leben an Land, Wale oder Seeotter leben im Wasser, nur wenige, z. B. Fledermäuse, können fliegen.

Die meisten Säugetiere gebären lebende Junge, nur wenige legen Eier. Alle Säugetiere sind Warmblüter, d. h. ihre Körpertemperatur bleibt – außer während des Winterschlafes – immer gleich. Säugetiere atmen über die Lungen und haben ein Fell. Dies ist bei Elefanten oder Walen jedoch stark zurückgebildet. Die Fellfarbe ähnelt meist der Farbe ihrer Umgebung und dient somit als Tarnung.

Säugetiere säugen ihre Jungen mit Muttermilch. Die Jungen bleiben viele Monate bei der Mutter, bis sie alles von ihr gelernt haben, um alleine in der Wildnis überleben zu können. Menschen werden auch zu den Säugetieren gezählt, da Babys auch mit Muttermilch gestillt werden.

Säugetiere haben unterschiedliche Lebensweisen. Einige leben in großen Herden zusammen, andere sind Einzelgänger und nähern sich nur zur Paarung anderen Tieren. Säugetiere können Pflanzenfresser, Raubtiere oder Allesfresser sein. Das bedeutet, einige fressen nur Pflanzen, einige nur Tiere, und andere ernähren sich von Tieren und Pflanzen.

Die meisten Säugetiere leben als Wildtiere in der freien Natur. Einige sind für den Menschen jedoch als Haustiere von großem Nutzen. Sie geben Milch, Fleisch, Leder, Wolle und Fell.

→ Ei, → Elefant, → Haustier, → Känguru, → Kontinent, → Mensch, → Pflanze, → Raubtier, → Steinzeit, → Tarnung, → Wildtier

Das Schnabeltier aus Australien legt Eier, aus denen die Jungen schlüpfen. Die Milch lecken die Jungen vom Bauch der Mutter ab, sie hat keine Zitzen.

Das kleinste Säugetier ist die Zwergspitzmaus. Sie wiegt nur 5 g.

Die Fledermaus ist das einzige Säugetier, das fliegen kann.

Delfine und Schimpansen zählen zu den intelligentesten Tieren.

der **Saurier**

Seit etwa 200 Jahren hat man Knochen und Versteinerungen von unbekannten Tieren gefunden. Heute weiß man, dass diese Fossilien von Tieren stammen, die teils vor mehr als 100 Millionen Jahren lebten.

Man nannte sie Saurier, d.h. soviel wie Echse. Da sie ausstarben bevor es Menschen auf der Erde gab, hat niemand lebende Saurier gesehen. Doch Wissenschaftler konnten aus den Abdrücken und Versteinerungen das Aussehen, die Größe und Lebensweise der Tiere erkennen. Neben Sauriern, die auf dem Land lebten, gab es schwimmende Saurier und auch Flugsaurier. Saurier pflanzten sich durch Eier fort. Niemand weiß, warum sie plötzlich ausstarben.

→ *Ei*, → *Mensch*, → *Museum*

Im Naturkunde-Museum

Das Modell eines Saurierskeletts in Originalgröße

die **Savanne**

Die Savanne ist eine riesige, flache Landschaft in Afrika. Sie bildet den Übergang vom Regenwald zur Wüste.

Nur im Sommer gibt es eine kurze Regenzeit, in der sehr viel Regen fällt. Dann blühen die Pflanzen schnell auf. Den Rest des Jahres ist es in der Savanne sehr trocken, daher gibt es nur viele niedrig wachsende Pflanzen wie Gräser, Kräuter und Büsche. Selten findet man einzeln stehende Bäume, wie die Akazie. Die Savanne bietet dennoch vielen Tieren einen Lebensraum. Hier leben Elefanten, Zebras, Löwen, Giraffen und Paviane, eine Affenart. Außerdem gibt es viele Ameisen, Termiten und Insekten.
In Australien leben Kängurus im Outback, dem trockenen Grashinterland.

→ *Afrika*, → *Elefant*, → *Giraffe*, → *Känguru*, → *Löwe*

?! **WUSSTEST DU DAS?**

Auch in Südamerika gibt es trockene Graslandschaften, dort werden sie Pampa genannt. In Nordamerika nennt man sie Prärie.

Zebras ernähren sich von Pflanzen, die nur in der Savanne wachsen.

S

der Schall

Alles, was wir mit unseren Ohren wahrnehmen, nennt man Schall. Das kann das Telefon sein oder die Türklingel, die Autohupe oder das Hundegebell, der Torjubel oder die Lieblingsmusik.

Alles, was Geräusche macht, ist eine Schallquelle. Sie sendet Schallwellen aus, die sich in der Luft mit Schallgeschwindigkeit fortbewegen. Sie sind etwa 1200 km/h schnell. Damit ist der Schall aber deutlich langsamer als das Licht. Das ist der Grund, warum wir beim Gewitter zuerst den Blitz sehen und dann erst den Donner hören. Im luftleeren Raum, z.B. im Weltraum, kann der Schall sich nicht ausbreiten. Deshalb war es bei der Mondlandung trotz des Raketenlärms mucksmäuschenstill.

→ *Licht*, → *Luft*, → *Schwangerschaft*, → *Vakuum*

Ultraschallgerät

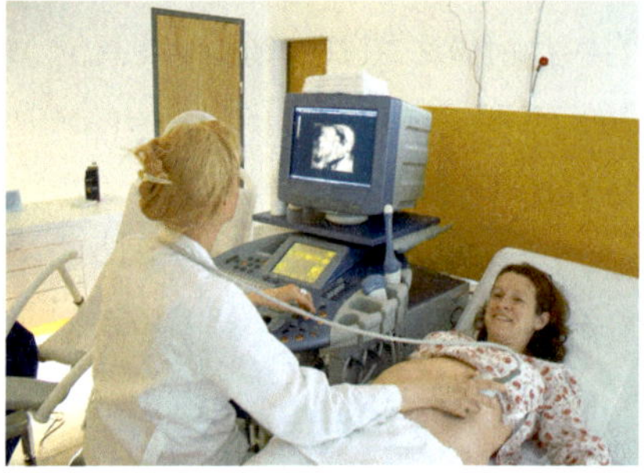

Bei der Ultraschalluntersuchung werden mit Hilfe von Schallwellen Bilder erzeugt. So kann ein Arzt z.B. die Entwicklung des Babys untersuchen. Drei Ultraschalltermine sind für Schwangere vorgeschrieben. Bei der ersten Untersuchung errechnet der Arzt u.a. den Geburtstermin des Kindes. Bei der zweiten erkennt er, ob die inneren Organe richtig angelegt sind und bei der dritten überprüft er die Funktion der inneren Organe.

der Schatten

Ein Sprichwort sagt: Wo Licht ist, ist auch Schatten. Das muss nicht immer stimmen. Umgekehrt stimmt es aber immer: Schatten gibt es nur, wo auch Licht ist.

Ein Gegenstand, der sich zwischen einer Lichtquelle und einer Fläche befindet und lichtundurchlässig ist, wirft einen Schatten auf die Fläche. Die Größe des Schattens und die Form ändern sich je nach Position der Lichtquelle. Diese Wirkung wird beim Schattenspiel genutzt. Einfache Schattenfiguren kann man mit einer Lampe und der Hand vor einer Wand entstehen lassen. Pappfiguren kann man auf den Tageslichtprojektor legen. Darsteller können zwischen einer Lampe und Leinwand spielen.

→ *Glühlampe*, → *Licht*

VERSUCH

Bewege die Taschenlampe. Beobachte, wie sich der Schatten jeweils verändert.

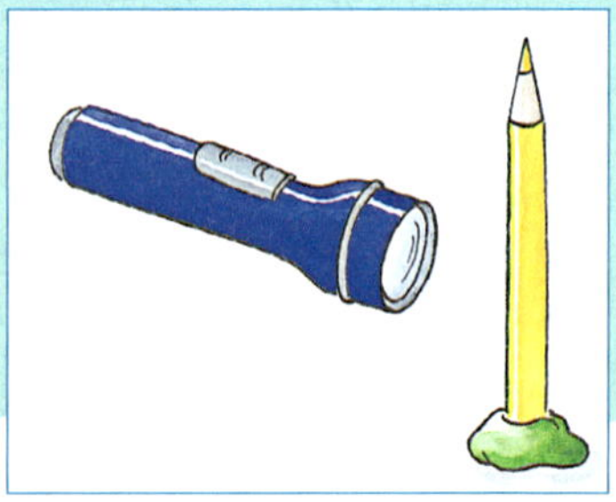

das **Schiff**

Bevor die Menschen Landfahrzeuge bewegten, hatten sie wohl Wasserfahrzeuge. Am Anfang haben sie wahrscheinlich Bäume zu einem Floß zusammengebunden. Dann haben sie aus einem Baumstamm eine Art Kajak oder Ruderboot gebaut. Sie haben den Baum mit Steinäxten ausgehöhlt und mit Feuer ausgebrannt. Durch Abstoßen mit langen Ästen oder Rudern haben sie sich fortbewegt. Danach haben sie Segel erfunden und benutzt.

Im Altertum hatten Ägypter, Griechen und Römer bereits große Handels- und Kriegsschiffe, die oft von Sklaven gerudert wurden.

Die Wikinger waren große Meister im Schiffsbau. Ihre Schiffe konnten gerudert und gesegelt werden. Mit Segelschiffen machten Spanier und Portugiesen ihre Entdeckungsreisen.

Seit etwa 150 Jahren gibt es Motorschiffe, die zuerst als Dampfer mit einer Dampfmaschine angetrieben wurden.

Heute baut man riesengroße und komfortable Passagierschiffe, die über 300 m lang sind und Schwimmbäder, Diskotheken und Tennisplätze an Bord haben.

Die größten Frachtschiffe sind heute oft Gas- oder Öltanker oder Containerschiffe. Jedes Jahr werden immer mehr Containerschiffe gebaut und in Dienst gestellt, weil sie schnell beladen und wieder entladen werden können. Es gibt inzwischen Containerschiffe, die mit mehr als 10000 Containern beladen werden können.

→ Container, → Entdecker, → Hafen, → Kanal, → Wikinger

Floß

Einbaum

Segelschiff der Wikinger

Frühes Dampfschiff

Heutiges Kreuzfahrtschiff

S

das Schloss

Schlösser waren und sind z. T. bis heute Wohnsitze reicher Adeliger. Man errichtete sie an sicheren Orten. Anfangs waren es eher reich ausgestattete Burgen, dann wurden sie größer, komfortabler und prunkvoller gebaut und eingerichtet.

Von hieraus regierten Fürsten und Könige ihr Land, feierten und zeigten ihre Macht und ihren Reichtum. Riesige Teppiche, Spiegel, Gemälde zierten die Wände und Decken der zahlreichen Säle. Kostbare Möbel wurden von Handwerkern und Künstlern angefertigt.

In jedem Schloss gab es Privaträume für die Bewohner, aber auch riesige Säle für Feiern. Teilweise gab es ein eigenes Theater, eine Kapelle, einen Thronsaal für wichtige Bekanntmachungen und natürlich Küchen, Werkstätten und Ställe. Viele Diener arbeiteten dafür, das Gebäude zu unterhalten und die Bewohner und Gäste zu versorgen. Hinter dem Schloss waren oft kunstvolle Gärten und Parkanlagen mit Brunnen, Statuen und Seen.

Das bekannteste deutsche Schloss ist Schloss Neuschwanstein in Bayern. Es wurde erst 1869 unter dem damaligen bayerischen König Ludwig II. erbaut. Es liegt etwa 1000 m hoch, also musste auch das ganze Baumaterial so hoch geschafft werden. 17 Jahre dauerte die Bauzeit des äußerst prunkvollen Schlosses. Nur ein Drittel der geplanten Räume wurde fertiggestellt. Heute besichtigen jedes Jahr über eine Million Touristen aus der ganzen Welt das Schloss, jeden Tag etwa 5000 Menschen.

→ Baustil, → Kunst, → Mittelalter, → Museum

Schloss Neuschwanstein ist der meistbesuchte Ort der BRD. Es gibt eine schöne Internetadresse: www.neuschwanstein.de/kinderseiten.

Das Winterpalais in St. Petersburg ist das größte Kunstmuseum der Welt mit 1000 Sälen, 25 km Fluren, 16 000 Gemälden.

Schloss Bellevue in Berlin ist der Amtssitz des Bundespräsidenten.

Das Windsor Castle in England ist das größte bewohnte Schloss.

der Schmetterling

Schmetterlinge gehören zu den Insekten. Sie leben auf allen Kontinenten, außer der Antarktis. Es gibt über 150 000 Arten.

Der Körper des Schmetterlings besteht aus drei Teilen: Kopf, Brust und Hinterleib. An seinem Kopf hat der Schmetterling große Augen, Fühler und einen langen Rüssel. Damit saugt er **Nektar** aus den Blüten. Danach rollt er den Rüssel wieder ein. An der Brust befinden sich vier Flügel und sechs Beine. Die Flügel bestehen aus vielen bunt gefärbten Schuppen, sodass Schmetterlinge oft schöne Muster auf ihren Flügeln haben. Man kann sie dadurch gut unterscheiden. An den Beinen haben sie Krallen, mit denen sie sich an den Pflanzen festhalten können. Im Hinterleib befinden sich das **Herz** und das Nervensystem.

Schmetterlinge ernähren sich weitgehend von Blütennektar. Daher sind sie häufig auf Wiesen oder Feldern zu sehen. Manchmal saugen sie auch den Saft von faulem Obst oder Wasser auf. **Blüten** mit langen und engen Blütenkelchen können nur von Schmetterlingen bestäubt werden.

Schmetterlinge werden häufig nach der Tageszeit, zu der sie fliegen, in Tagfalter oder **Nachtfalter** unterschieden. Viele **Tagfalter** sind sehr farbenfroh und schrecken dadurch mögliche Fressfeinde wie Vögel ab. Nachtfalter nennt man oft Motten. Sie haben meist dunkle Farben, sodass sie am Tag gut getarnt sind, wenn sie auf Bäumen sitzen.

Schmetterlinge können auf verschiedene Arten überwintern: als Puppe, Raupe, Ei und einige auch als Schmetterling, wie das Tagpfauenauge.

→ *Insekt*, → *Larve*, → *Tarnung*, → *Vogel*

Metarmophose

Die Entwicklung des Schmetterlings wird auch Metamorphose genannt.

① Der Schmetterling legt Eier. Aus jedem Ei schlüpft eine kleine Raupe. Die Raupe frisst gerne Blätter. ② Wenn die Raupe wächst, wird die Haut zu eng. Die alte Haut fällt ab. Darunter ist schon die neue. Dieser Vorgang wiederholt sich viermal. ③ Dann verpuppt sie sich ein letztes Mal. Diese Hülle heißt Kokon. ④ Nach mehreren Wochen oder Monaten platzt der Kokon auf. Dann schlüpft ein Schmetterling heraus.

REKORDE

Der Zwergbläuling ist bei uns der kleinste Tagfalter. Seine Flügelspanne beträgt nur 1,4 cm.

Der größte Schmetterling ist der Königin-Alexandra-Vogelflügler. Er hat eine Flügelspannweite von etwa 30 cm und kommt aus Papua-Neuguinea.

S

die **Schnecke**

Schnecken sind sogenannte Weichtiere. Sie haben wie Muscheln kein Skelett. Schnecken sind ganz unterschiedlich gebaut. Aber alle haben einen Fuß und einen Kopf mit Fühlern.

Schnecken vermehren sich durch Eier. Einige Schnecken haben Schneckenhäuser mit einer großen Vielfalt an Formen und Farben. Die Häuser bestehen aus Kalk und wachsen mit. Schnecken bewegen sich im sprichwörtlichen Schneckentempo fort. Das sind etwa 10 cm in der Minute. Dabei bewegen sie ihren Fuß mit einer Wellenbewegung der Muskeln von hinten nach vorn. Schnecken ernähren sich ganz unterschiedlich. Die meisten jedoch raspeln sich ihre Nahrung von Pflanzen oder Früchten ab.

→ *Muschel*, → *Pflanze*

Weinbergschnecke

Nacktschnecke

Meeresschnecke

die **Schule**

Seit etwa 200 Jahren gibt es bei uns eine allgemeine Schulpflicht. Davor haben nur die Kinder reicher Eltern privaten Unterricht erhalten. Meist allerdings auch nur die Jungen.

Heute geht jedes Kind in der Regel wenigstens vom 6. bis zum 16. Lebensjahr zur Schule. Die erste Schulstufe ist die Grundschule. Danach gibt es in den verschiedenen Bundesländern unterschiedliche Schularten. Nach dem 12. Schuljahr kann das Abitur abgelegt werden. Das Abitur berechtigt zu einer Ausbildung und einem Studium an der Universität. In vielen Ländern Asiens oder Afrikas fehlt das Geld für Schulen. Etwa 80 Millionen Kinder können nicht die Schule besuchen. Eine Milliarde Erwachsene können weder lesen noch schreiben. Sie sind Analphabeten.

→ *Bundesländer*

Schule in Afrika

die **Schwangerschaft**

Eine Schwangerschaft dauert beim Menschen von der Befruchtung bis zur Geburt 40 Wochen. Oft spricht man auch von 9 Monaten. In dieser Zeit verändert sich der Körper der Frau sehr stark. Das Baby wächst in der Gebärmutter im Bauch der Mutter heran.

Dadurch wird der Bauch sichtbar größer. Die Brüste wachsen, da sich die Milchdrüsen entwickeln, damit das Baby nach der Geburt gestillt werden kann.

Das Baby entwickelt sich aus einer einzigen, von einer Samenzelle befruchteten Eizelle. Diese Zelle nistet sich in der Gebärmutterwand ein. Die Zelle teilt sich und wächst. Das Baby wird in den ersten drei Monaten **Embryo**, später Fötus genannt. Die Fruchtblase schützt das Baby. Es bekommt während der Schwangerschaft Nährstoffe und Sauerstoff von der Mutter. Dazu ist es durch die Plazenta (Mutterkuchen) und die Nabelschnur mit der Mutter verbunden.

In den ersten 14 Wochen sind alle lebenswichtigen Organe bereits ausgebildet. Das Baby ist jetzt etwa 6 cm groß und 15 g schwer. In den letzten sechs Monaten wächst es bis zu einem Gewicht von etwa 3800 g und einer Größe von 50 cm heran.

Die Schwangerschaft wird durch die Geburt beendet. Vor der Geburt setzen bei der Mutter die Wehen ein, das sind rhythmische Bewegungen der Gebärmutter. Dadurch wird das Kind durch den Geburtskanal auf die Welt gedrückt. Manchmal müssen die Ärzte dem Baby mit einem Kaiserschnitt auf die Welt helfen.

→ *Mensch*, → *Pubertät*, → *Sexualität*

Fötus in der 20. Woche

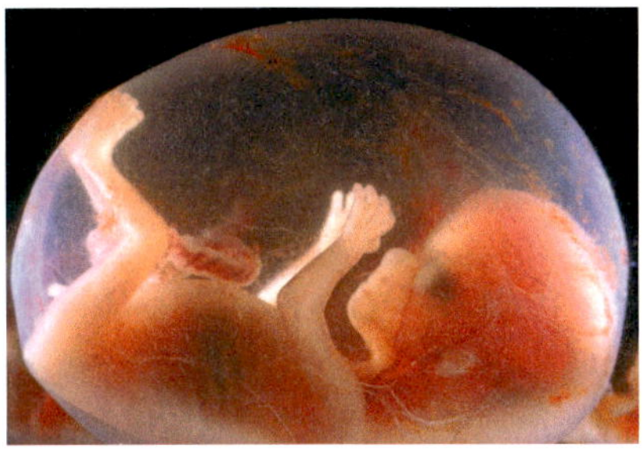

Der Fötus bewegt sich schon sehr früh in der Fruchtblase und macht Purzelbäume. Ab der 20. Woche kann die Mutter die Bewegungen des Kindes auch spüren.

Kind kurz vor der Geburt

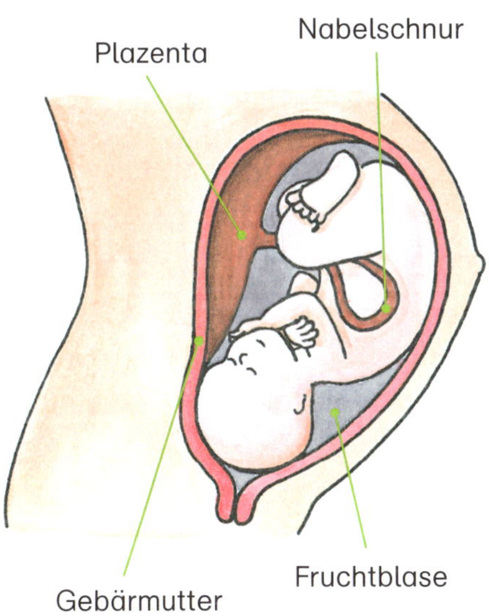

Ab etwa der 32. Woche dreht sich das Kind für die Geburt mit dem Kopf nach unten in das Becken der Mutter. Jetzt kann es sich nicht mehr so viel bewegen, weil nur noch wenig Platz im Bauch ist.

S

die Sexualität

Sexualität bezeichnet die körperliche Beziehung bei Menschen oder auch Tieren.

Oft entwickelt sich eine sexuelle Anziehung zwischen Mann und Frau. Sie fühlen sich zueinander hingezogen, sie mögen sich, sie lieben sich. Wenn sie sich lieben und Geschlechtsverkehr haben, dringt der steife Penis des Mannes in die Scheide der Frau ein. Durch den männlichen Samen kann ein weibliches Ei befruchtet werden. Daraus kann ein Baby entstehen. Wenn Mann und Frau kein Kind wollen, wenden sie Mittel zur Empfängnisverhütung an. Dies kann eine Tablette, die sogenannte Antibabypille sein oder auch ein Kondom, das den Samen auffängt und dadurch die Befruchtung des Eis verhindert.

Es gibt auch Beziehungen, bei denen sich nicht Mann und Frau lieben. Wenn sich gleiche Geschlechter angezogen fühlen, spricht man von Homosexualität. Wenn Frauen einander lieben, spricht man von lesbischer Liebe. Bei Männern sagt man: sie sind schwul. Früher wurden Homosexuelle verfolgt und bestraft. Heute können die Partner auch heiraten. Man ist der Meinung, dass Erwachsene selbst entscheiden sollen, wen sie lieben.

Der sexuelle Kontakt zu Kindern ist Erwachsenen verboten. Kinder müssen früh lernen, sich zu wehren und „Nein“ zu sagen. Das können auch Küsschen und Umarmungen sein, die man nicht möchte. Das „Neinsagen“ kann man auch in der Schule lernen und trainieren.

Wenn Geschlechtsverkehr oder andere sexuelle Handlungen erzwungen werden, handelt es sich um Missbrauch und eine Vergewaltigung. Das wird von Gerichten bestraft.

Auch Bücher informieren

Sexualität ist ein Thema, über das in der Öffentlichkeit nicht gerne geredet wird. Oft findet man in der Familie oder in der Schule kaum jemanden, der dazu gerne Fragen beantwortet. Dann kann ein Gang zur Bücherei helfen. Es gibt eine ganze Reihe Bücher, die Kinder ehrlich und in verständlicher Sprache über Sexualität informieren und auch darüber, wie man sich gegen Missbrauch wehren kann.

 → Mensch, → Pubertät, → Schwangerschaft

die **Sinne**

Der menschliche Körper hat fünf Sinne: den Geruchssinn, den Hörsinn, den Sehsinn, den Tastsinn und den Geschmackssinn.

Die Sinnesorgane enthalten Sinneszellen. Diese sind sehr wichtig, da der Mensch durch sie Reize, also Informationen aufnimmt und verarbeitet. Über die Nervenbahnen werden diese Reize an das Gehirn weitergeleitet. Das Gehirn gibt dann in Sekundenbruchteilen wieder Informationen zurück. So zieht man eine Hand schnell zurück, wenn man merkt, dass die Herdplatte noch heiß ist.
Die Haut ist das größte Sinnesorgan des Menschen. Mit der Haut kann man vieles ertasten: Wärme, Kälte, Schmerz, Druck oder wie die Oberfläche eines Stoffes beschaffen ist.
Mit den Augen kann man Helligkeiten oder Gegenstände sehen. Sie helfen uns bei der Orientierung.
Mit den Ohren kann man Sprache, Laute und Geräusche wahrnehmen. Im Ohr befindet sich auch der Gleichgewichtssinn. Er meldet dem Gehirn z. B., ob wir stehen oder liegen. Mit den Augen und Ohren kann man viele Gefahren frühzeitig erkennen.
Mit der Nase kann man riechen und hunderte von Gerüchen unterscheiden. So kann man feststellen, ob etwas verbrannt oder verdorben ist.
Die Zunge kann süß, sauer, salzig und bitter schmecken und unterscheiden.
Wenn ein Sinn nicht mehr funktioniert, werden die anderen Sinne zusätzlich geschärft. Blinde Menschen nehmen viel mehr Geräusche wahr als andere Menschen. Sie setzen außerdem viel stärker ihren Tastsinn ein, um sich ihre Umgebung vorstellen zu können.

→ *Hund*, → *Katze*, → *Mensch*

?!

WUSSTEST DU DAS?

Wenn einige Sinnesorgane nicht mehr ausreichend gut funktionieren, gibt es Hilfsmittel, wie Brillen oder Hörgeräte.

Manchmal spielt uns unser Auge einen Streich. Das nennt man optische Täuschung.

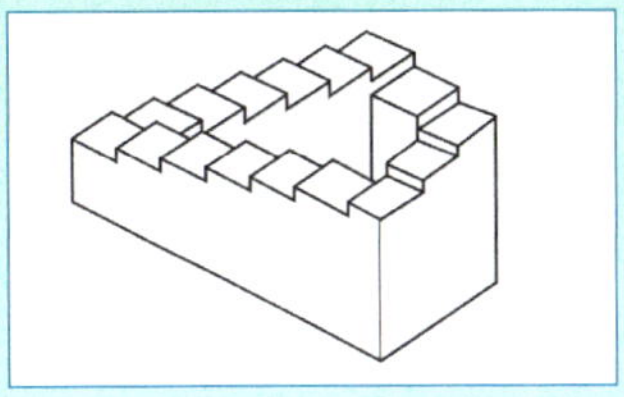

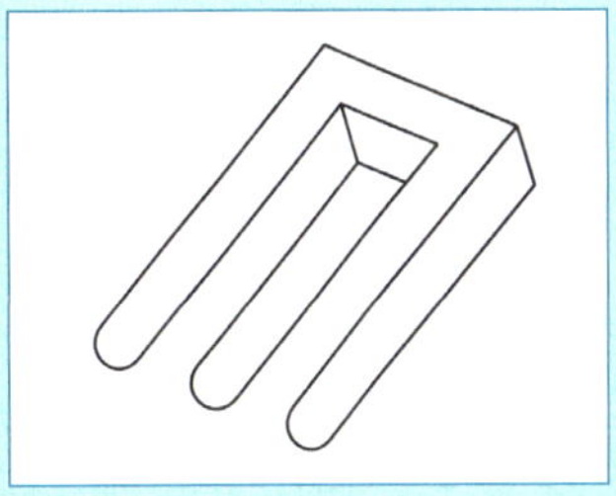

Einige Menschen können Rot und Grün nicht voneinander unterscheiden. Die Krankheit nennt man Rot-Grün-Blindheit.

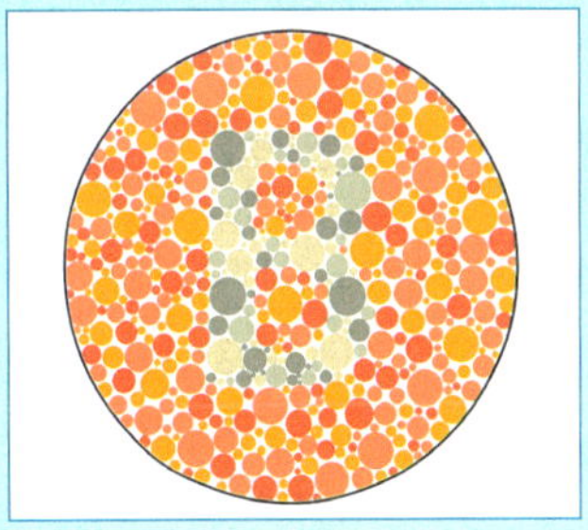

Den Tastsinn kann man spielerisch üben. Man legt etwa zehn Spiel- oder Tierfiguren in ein Säckchen. Durch Tasten muss nacheinander jeder herausfinden, um welche Figur es sich handelt.

das **Sonnensystem**

Viele tausend Jahre haben die Menschen geglaubt, dass sich die Sonne um die Erde dreht. Die Astronomen Nikolaus Kopernikus und Galileo Galilei haben aber etwa im 15. Jahrhundert herausgefunden und bewiesen, dass es genau anders herum richtig ist: Die Erde dreht sich um die Sonne.

Damals wollte man den beiden nicht glauben. Heute gibt es genug Beweise dafür. Noch ein anderer Irrtum wurde damals durch die Astronomen berichtigt. Man hielt nämlich die Erde für eine Scheibe. Seefahrer hatten Angst, am Ende der Scheibe herunterzufallen.

Neben der Erde kreisen noch sieben andere **Planeten** um die Sonne. Sie sind unterschiedlich groß und aus verschiedenem Material. Die ersten vier Planeten, also Merkur, Venus, Erde und Mars, bestehen hauptsächlich aus festem Gestein und Metallen. Die äußeren Planeten, also Jupiter, Saturn, Uranus und Neptun, bestehen weitgehend aus Gas.

Der Mars hat noch die für Menschen angenehmste Temperatur von +25 °C bis −125 °C. Auf der Venus dagegen ist es 465 °C heiß und auf dem Neptun 210 °C kalt.

Neben unserer Sonne gibt es noch unendlich viele Sonnen. Alle Sterne, die wir am Himmel sehen, sind im Grunde Sonnen. Sie sind nur unglaublich weit entfernt, leuchten aber von sich aus.

Mit einem Satz als Eselsbrücke kann man sich die Reihenfolge der Planeten merken: **M**ein **V**ater **E**rklärt **M**ir **J**eden **S**onntag **U**nseren **N**achthimmel.

→ *Entdecker,* → *Gas,* → *Licht,* → *Raumfahrt*

Kometen bestehen aus Gestein und gefrorenem Gas.

Sternschnuppen sind kleine Reste von irgendwelchen Himmelskörpern. Durch die Reibung verglühen sie, wenn sie in die Atmosphäre der Erde eintreten.

Man muss unterscheiden zwischen Astronomen und Astrologen. Astronomen sind ernsthafte Himmelskundler, die den Weltraum erkunden. Astrologen deuten die Sterne und zwar in der Regel völlig willkürlich.

Der Pluto war 75 Jahre lang unser neunter Planet. Er ist so klein und so weit entfernt, dass er erst 1930 entdeckt wurde. Heute zählt man ihn nur noch zu den Zwergplaneten.

Die Erde hat einen Begleiter, den Mond. Die Venus hat keinen. Der Jupiter aber soll sogar 63 Monde haben.

Ein Lichtjahr ist die Entfernung, die das Licht in einem Jahr zurücklegt. Dies ist eine riesige Strecke, denn das Licht legt ja in einer Sekunde bereits 300 000 km zurück.

Sternbilder bestehen aus verschiedenen Sonnen. Sie stehen nicht auf einer Ebene. Das sieht für uns nur so aus. In Wirklichkeit stehen sie oft viele Millionen km hintereinander.

S

der **Spiegel**

Schon immer wollten Menschen wissen, wie sie selbst aussehen. Im Altertum hatte man dafür Metallscheiben, die glatt und glänzend poliert waren.

Die heutigen Spiegel bestehen aus Glas mit einer hauchdünnen Schicht aus Aluminium oder Silber. Das Bild, das der Spiegel reflektiert, ist seitenverkehrt. Wer vor dem Spiegel die rechte Hand hebt, sieht, dass sein Spiegelbild die linke Hand hebt.
Es gibt auch Spiegel, die bewusst ein etwas anderes Abbild zeigen. Der Außenspiegel des Autos ist z. B. so nach oben gewölbt, dass er einen etwas größeren Ausschnitt zeigt, als unser Auge sonst wahrnimmt. Spiegel für die Kosmetik sind so nach innen gewölbt, dass sie einen Teil der Haut deutlich vergrößert zeigen.

→ Labyrinth, → Metall

VERSUCH

Lenke mit einem Spiegel das Licht um. Experimentiere mit der Lichtquelle, dem Spiegel und dem weißen Papier.

das **Spiel**

Ein Spiel ist eine Tätigkeit, die nur aus Freude und zur Entspannung in der Freizeit durchgeführt wird. Spiele haben meist keinen Nutzen und sollten immer freiwillig sein. Kinder, aber auch Erwachsene, spielen gerne.

Beim Spielen gibt es bestimmte Regeln, die alle Mitspieler vorher abgesprochen haben. Für die meisten Spiele benötigt man mindestens zwei Spieler und es gibt Gewinner und Verlierer. Bei Knobel- oder Strategiespielen wie Sudoku oder Schach wird das Gehirn trainiert. Zu den Bewegungsspielen gehören Ballspiele, Fang- oder Versteckspiele. Ruhespiele werden am Tisch gespielt, wie Karten- oder Brettspiele.

→ Arbeit, → Freizeit, → Konflikt

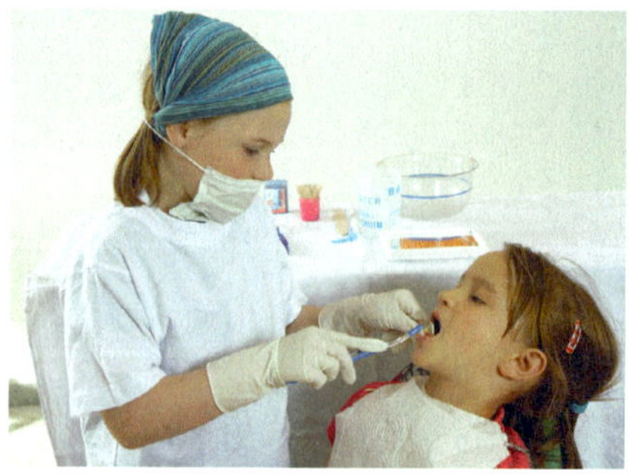

Viele Bewegungsabläufe, die für die Entwicklung wichtig sind, werden beim Spielen trainiert. Wenn Kinder mit Puppen oder mit Werkzeugen spielen, üben sie spielerisch Verhaltensweisen der Erwachsenen ein. Dies geschieht auch beim Rollenspiel.

die **Spinne**

Spinnen leben überall auf der Welt. Meist sind sie nicht sehr beliebt, obwohl sie nützlich sind, da sie lästige und schädliche Insekten fangen.

Spinnen sind eine eigene Tierart. Sie gehören nicht zu den Insekten. Im Gegensatz zu diesen haben Spinnen acht Beine und einen anderen Körperbau. Einige Spinnen spinnen kunstfertige Netze mit klebrigen Fäden. Darin verfangen sich Insekten. Einige Spinnen legen sich auf die Lauer und stürzen sich dann auf Insekten. Sie können ihre Beute nicht kauen. Sie beißen und lähmen sie mit einem Gift und saugen sie dann aus. Bei uns gibt es keine Spinnenarten, die für Menschen giftig sind. Einige Spinnen in Australien können aber für Menschen gefährlich werden.

→ *Insekt*

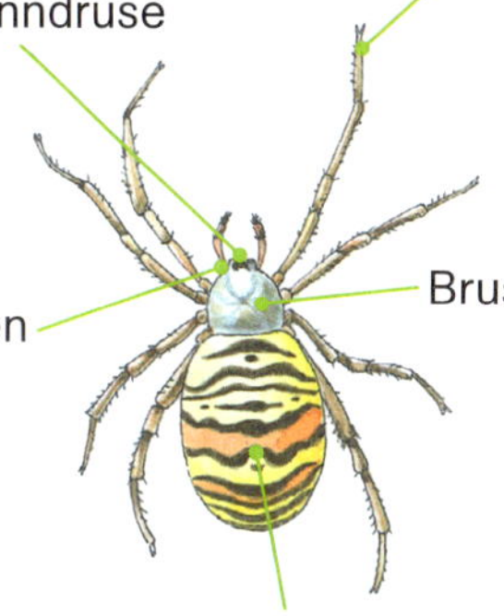

der **Sport**

Mit Sport bezeichnet man körperliche oder geistige Tätigkeiten, die der Freude und Entspannung dienen. Meist muss man dafür trainieren.

Sport fördert die Gesundheit und hilft dem Körper, fit zu bleiben. Sport stärkt die Muskeln und bietet einen Ausgleich für die Arbeit am Schreibtisch. Viele Menschen gehen in einen Verein, um mit anderen zusammen trainieren zu können. Sie betreiben Mannschaftssportarten wie Fußball oder Basketball. Dabei ist es wichtig, gemeinsam zu spielen und sich gegenseitig zu unterstützen. Andere Menschen bevorzugen Individualsportarten, bei denen es auf die eigenen Leistungen ankommt. Dazu gehören Kampfsportarten, aber auch Leichtathletik.

→ *Arbeit*, → *Doping*, → *Freizeit*, → *Spiel*, → *Yoga*

?! **WUSSTEST DU DAS?**

Sportarten wie Bogenschießen und Speerwerfen wurden schon vor vielen tausend Jahren trainiert. Damals gingen die Menschen noch jagen und nur wer gut war, konnte auch Beute erlegen.

Vor etwa hundert Jahren wurden in England Regeln für die einzelnen Sportarten eingeführt.

Leistungssportler trainieren mehrmals in der Woche, um neue Rekorde aufstellen zu können.

Einige Menschen sind Berufssportler und verdienen mit dem Sport, z.B. mit Fußball, ihr Geld. Sie werden Profis genannt.

S

die **Spur**

Mit Spuren bezeichnet man die Fraßspuren und Fußspuren, die Tiere in ihrem Lebensraum hinterlassen und die ein guter Beobachter finden kann.

Für die Jäger der Steinzeit war es lebensnotwendig, Spuren von Tieren lesen zu können, weil vom Jagderfolg das Überleben der Sippe abhängen konnte.

Auch heute erkennen Jäger und Landwirte aus den Spuren der Tiere, welche Tiere hier leben oder z. B. einen Schaden angerichtet haben. Im weichen Boden oder besonders gut im Schnee kann man an den Trittsiegeln, also an den Fußspuren erkennen, welche Tiere sich dort aufgehalten haben, ob sie gestanden, gelaufen oder geflüchtet sind. Auch die Losung der Tiere, also ihr Kot, Haarreste an den Sträuchern, das platt gelegene Gras ihres Lagers oder Veränderungen des Bodens verraten dem Spurensucher etwas über die in dem Gebiet lebenden Tiere.

Fraßstellen verraten, wer hier seine Nahrung verzehrt hat. Benagte Zapfen, aufgeknabberte Nüsse weisen auf Eichhörnchen hin. Mäuse mögen auch Zapfensamen und Nüsse, aber sie hinterlassen beim Knabbern ganz andere Spuren. Unter großen Bäumen findet man manchmal Gewölle. Hier haben Eulen das ausgewürgt, was an ihrer Beute unverdaulich war. Wenn man das Gewölle auseinander zupft, weiß man auch, was die Eulen gefressen haben. Meist sind es Knöchelchen und Gebisse von Mäusen und natürlich Fellreste, „Wolle“, die dem Gewölle den Namen gibt.

→ *Doping*, → *Naturschutz*, → *Tier*

?!

WUSSTEST DU DAS?

Oft entdeckt man Spuren der Vergangenheit, z. B. von den Germanen, den Römern, aus dem Mittelalter …

Im Blut oder im Urin von Menschen können Spuren von Medikamenten oder Dopingmitteln festgestellt werden.

Polizisten oder Detektive werten bei Kriminalfällen Spuren der Täter aus.

Trittspur: Hasen

Fraßspuren: angenagte Nüsse

Tierspuren: auseinander gezupftes Gewölle

S

die **Stadt**

Die ersten deutschen Städte wurden von den Römern gegründet, zum Beispiel Köln, Trier oder Mainz. Später entwickelten sich um die Burgen herum städtische Ansiedlungen, wie zum Beispiel Nürnberg.

Viele Städte entwickelten sich auch durch die beginnende Industrialisierung. In den Fabriken und Bergwerken wurden viele Arbeitskräfte gebraucht. Diese brauchten Wohnungen und mussten versorgt werden. Städte haben für die Versorgung der Bürger zu sorgen. So müssen sie Bildungsmöglichkeiten anbieten, wie Schulen, Kindergärten, evtl. auch Theater und Büchereien und Freizeitmöglichkeiten wie Badeanstalten, Sportstätten, Parks, Kinos. Zur Stadt gehören: ein öffentlicher Nahverkehr sowie eine gesundheitliche Versorgung durch Ärzte und evtl. durch ein Krankenhaus und die Versorgung mit Kleidung und Lebensmitteln. Eine Stadt hat eine Verwaltung mit den verschiedensten Ämtern. Der Bürgermeister und der Rat der Stadt werden von den Bürgern gewählt.

?!

WUSSTEST DU DAS?

Ein Ort in Deutschland muss mindestens 2000 Einwohner haben, um das Stadtrecht zu erhalten. Es gibt aber auch kleinere Städte, deren Einwohnerzahl früher höher war.

- Die kleinste Stadt ist Arnis (ca. 300 Einwohner).
- Die größte Stadt ist Berlin (3,4 Mill. Einwohner).
- Hansestädte sind am Nummernschild zu erkennen, z.B. HL = Lübeck, HB = Bremen, HH = Hamburg.
- Das Recht, sich Stadt zu nennen, wurde im Mittelalter vom König erteilt. Eine Stadt durfte z.B. eine Stadtmauer errichten und Märkte abhalten.

→ Dorf, → Industrie, → Kultur, → Römer, → Wahl

S

der **Stahl**

Stahl ist ein Metallgemisch, dessen Hauptbestandteil Eisen ist. Außerdem enthält er weitere Metalle und Kohlenstoff. Damit Stahl rostfrei wird, muss er etwa 13 Prozent Chrom enthalten. Stahl ist sehr hitzebeständig, er schmilzt erst bei Temperaturen um 1500 Grad.

Stahl kann je nach Herstellung unterschiedliche Eigenschaften haben. Je mehr Kohlenstoff der Stahl enthält, desto härter wird er. Je weniger Kohlenstoff er hat, umso biegsamer ist er. Für Konservendosen wird zum Beispiel weicher Stahl benötigt, der dünn gewalzt wird. Messerstahl ist hingegen fest und spröde.

In einem Hüttenwerk wird Stahl hergestellt. Zu dem Hüttenwerk gehören Hochöfen, das Stahlwerk und das Walzwerk. In einem Hochofen wird Eisenerz mit Koks und Kalk auf über 1500 Grad erhitzt. Durch die Hitze wird das Eisen aus dem Gestein geschmolzen. Das Gestein bleibt als Asche übrig.

Das flüssige Roheisen wird im Stahlwerk zu Stahl weiterverarbeitet. Das Roheisen wird dabei mit Schrott vermischt. Damit die benötigte Hitze entsteht, wird reiner Sauerstoff in die flüssige Mischung geblasen. Der Stahl ist jetzt härter und daher vielseitiger einsetzbar als Eisen.

Im Walzwerk wird der Stahl zu Blechen gewalzt, zu Schienen, Stahlträgern oder Röhren geformt. Manchmal wird er auch in Blöcke gegossen. Ein wichtiger Abnehmer für Stahlprodukte ist die Autoindustrie. Stahlbeton wird für den Bau von Gebäuden oder Brücken benötigt. Der Stahl ist von Beton und Zement umgeben und der Bau wird dadurch besonders stabil.

→ Brücke, → Industrie, → Kohle, → Metall

Friedrich Krupp

Er lebte und arbeitete in Essen, im Ruhrgebiet. Dort hat er ein Hammerwerk und eine Gussstahlfabrik erbaut. Sein Sohn hat die Fabrik 1826 mit 14 Jahren übernommen und deutlich vergrößert. Aus dem Stahl wurden Schienen, Räder, Züge und Achsen gefertigt. Im Krieg wurden auch Waffen produziert. Heute ist Krupp-Stahl nicht mehr im Familienbesitz.

Hochofen

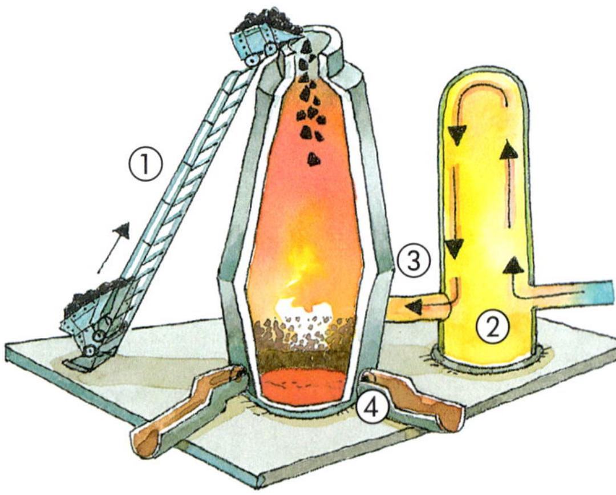

Über den Schrägaufzug ① werden Koks, Eisenerz und Kalk oben in den Hochofen gefüllt. Unten wird durch einen Winderhitzer ② heiße Luft ③ in die Glut des Hochofens geblasen. Dadurch werden besonders hohe Temperaturen erzeugt. Unten kann ein Auslauf ④ für das flüssige Eisen geöffnet werden.

der **Stausee**

Ein Stausee speichert Wasser für die Trinkwassergewinnung und kann auch große Wassermengen zurückhalten, um Hochwasser zu vermeiden.

Es ist lebenswichtig, ständig einen Vorrat an Wasser zu haben. Besonders in Gegenden mit wenig oder unregelmäßig fallenden Niederschlägen muss man sparsam mit Wasser umgehen. Am Ende eines Flusstals kann man mit einer Talsperre oder einer Staumauer Wasser sammeln. Das Wasser staut sich bis zur Höhe der Staumauer auf. Man kann durch Öffnungen die Wassermenge, die durchgelassen wird, regulieren. Staudämme werden meist aus Beton gebaut. Sie haben eine Rundung und zum Abfluss hin eine stärkere Neigung. So halten sie am besten dem Wasserdruck stand.

Manchmal liegen Ortschaften in dem Tal, in dem man das Wasser stauen will. Sie werden dann umgesiedelt und an anderer Stelle werden neue Häuser und Arbeitsstätten gebaut und neue Felder bewirtschaftet. Die alten, verlassenen Ortschaften werden überflutet.

?!

WUSSTEST DU DAS?

Beim Bau des Assuan-Stausees in Ägypten hat man vor dem Überfluten eine alte Tempelanlage der Pharaonen abgebaut und woanders wieder aufgebaut.

Beim Bau des größten Stausees der Welt, dem Drei-Schluchten-Stausee in China, wurden Millionen Menschen umgesiedelt.

Stromherstellung durch Wasserkraft

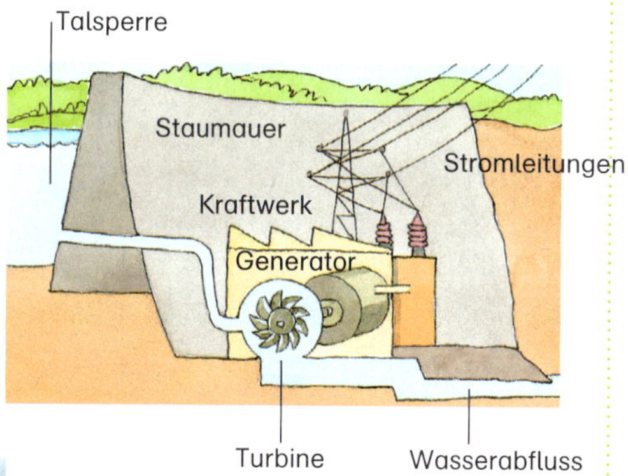

An Stauseen findet man Wasserkraftwerke. Entweder wird das Wasser beim Herunterfließen durch eine Turbine geleitet. Ein Generator erzeugt Strom. Oder man speichert Energie. Dann wird mit überschüssigem Strom Wasser in den Stausee gepumpt und wenn viel Strom gebraucht wird, kann man es zur Stromerzeugung wieder herunterfließen lassen.

→ *Freizeit*, → *Wasser*

S

die Steinzeit

In der Steinzeit haben die Menschen gelernt, Waffen und Werkzeuge aus Stein herzustellen. Faustkeile sind die ältesten Werkzeuge der Steinzeitmenschen. Das sind bearbeitete Steine, die zum Schneiden von Pflanzen und Fleisch benutzt wurden. Sie dienten auch als Waffen zum Schlagen.

Die Steinzeit begann vor etwa zwei Millionen Jahren und endete vor etwa 5000 Jahren, als die Menschen lernten, Metalle zu verarbeiten.

In der Altsteinzeit lebten die Menschen in Höhlen, die ihnen Schutz boten. Um sich zu ernähren, gingen die Männer Tiere jagen, die Frauen sammelten Beeren und Wurzeln. Damals lebten noch Mammuts, aus deren Fellen wurde Kleidung hergestellt. Die Knochen und Stoßzähne haben die Menschen genutzt, um daraus Arbeitsgeräte herzustellen. Holz haben sie zum Feuermachen genutzt, aber auch für einfache Werkzeuge.

In der Jungsteinzeit begannen sie, Häuser aus Ästen, Knochen und Fellen zu bauen. Sie haben Böden bearbeitet, um darauf Nutzpflanzen wie Getreide anzubauen, und Tiere gehalten. Die ersten Haustiere waren Hunde, später kamen Rinder, Schafe und Schweine dazu.

Die Steinzeitmenschen haben ihre Toten in **Hügelgräbern** begraben. Die Toten wurden mit Erde bedeckt. Darüber wurden große Steine geschichtet. Man glaubte, dass die Toten im Jenseits weiterlebten. Deshalb legte man auch Waffen und Schmuck mit ins Grab.

→ *Feuer,* → *Getreide,* → *Haustier*

Stein bearbeiten für Werkzeuge und Waffen

Mit Holz und Lederstreifen Werkzeuge herstellen

Mit Nadeln aus Knochen und Lederstreifen Tierfelle zu Kleidung verarbeiten

Feuer

Die Entdeckung des Feuers war von großer Bedeutung. Die Menschen konnten sich am Feuer wärmen und Fleisch damit garen. Es bot außerdem Schutz vor wilden Tieren, die vor Feuer Angst hatten. Es war aber gar nicht einfach, Feuer anzuzünden.

Neandertal

Im Neandertal bei Düsseldorf wurden 1856 die Knochenreste eines Steinzeit-Menschen entdeckt. Die Neandertaler waren mit etwa 1,60 m kleiner als Erwachsene heute. Sie gingen jedoch schon aufrecht. Die Beine waren noch kürzer als unsere und ihre Arme waren länger. Sie hatten eine breite Nase, eine flache Stirn und ein etwas vorstehendes Kinn.

T

die Tarnung

Wer sich tarnt, will unauffällig sein und nicht gesehen werden. Manche Tiere, die sich gegen Feinde nicht gut verteidigen können, haben auch Möglichkeiten entwickelt, sich zu tarnen.

Alle Tiere am Polarkreis, also im ewigen Schnee, tragen deshalb ein weißes Fell (Eisbären, Schneehasen). In Gebieten, wo der Schnee schmilzt, bekommen sie ein braunes Sommerkleid, z. B. Hermeline und Schneehühner. In der Wüste haben fast alle Insekten die Bodenfärbung angenommen. Im Dschungel gibt es besonders viele grüne Tiere. Das Chamäleon kann in kurzer Zeit seine Farbe an die Umgebung anpassen. Andere Tiere haben sogar ihre Form der Umgebung angepasst. Sie sehen aus wie Äste, Blätter oder Steine. So erkennt man sie oft erst, wenn sie sich bewegen.

Einige Tiere haben im Gegenteil ganz auffällige Farben angenommen. So gibt es viele harmlose Fliegen, die die Färbung von Wespen tragen. Sie drohen, haben aber gar keinen Stachel.

Einige Käfer haben eine auffällig rote Färbung und wollen damit signalisieren, dass sie giftig sind oder eklig schmecken. Die auffälligen großen „Augen" auf den Flügeln des Tagpfauenauges sollen Feinde beeindrucken.

Einige Tiere werden bei Gefahr ganz bewegunglos, können sich sogar richtig tot stellen. Vögel, die ihr Nest in Gefahr sehen, stellen sich lahm und wollen damit als leichte Beute einen Feind vom Nest fortlocken. Raupen heben bei Gefahr den Kopfteil und sehen somit viel größer aus.

→ *Arktis*, → *Evolution*, → *Raubtier*, → *Schmetterling*, → *Tiger*

Tiere passen sich der Umgebung an

Schneehase

Chamäleon

Heuschrecke

Scholle

die Technik

Unter Technik versteht man die Fähigkeit, industrielle, handwerkliche oder künstlerische Produkte zu schaffen.

Menschen haben schon in der Steinzeit Werkzeuge benutzt, um sich das Leben zu erleichtern. Heute leben wir in einem Zeitalter der Technik. Damit ist gemeint, dass es ständig neue Erfindungen und technische Fortschritte gibt. Maschinen helfen bei der Arbeit, in einigen Industriezweigen werden bereits Roboter eingesetzt. Die Technik erleichtert das Leben, jedoch verändert sie es auch, besonders die Umwelt. Bei neuen Entwicklungen wird immer mehr darauf geachtet, dass Umwelt und Energien geschont werden.

→ *Computer*, → *Energie*, → *Industrie*, → *Internet*, → *Produktion*, → *Roboter*, → *Steinzeit*, → *Umwelt*

Entwicklung des Rades

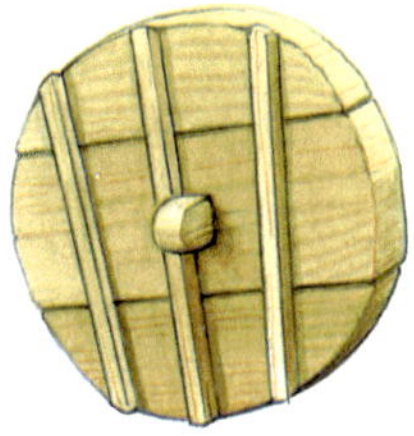

Solche Scheibenräder ganz aus Holz wurden schon vor Tausenden von Jahren gebaut.

Heute sind Räder aus Metall, Gummi u.a. zusammengebaut.

die Temperatur

Mit Temperatur bezeichnet man den Wärmegehalt eines Gegenstandes. In den meisten Ländern wird die Temperatur in Grad Celsius angegeben.

Sie wird mit einem Thermometer gemessen. Sie ist festgelegt: Bei null Grad Celsius gefriert Wasser zu Eis, bei hundert Grad kocht Wasser und wird zu Wasserdampf.
Temperaturen unter null Grad werden Minusgrade genannt und die über null Grad Plusgrade. Auf der Erde herrschen enorme Temperaturunterschiede: In der Antarktis kann es bis zu −89 °C kalt sein, in der Wüste Lut in Asien bis zu 70 °C heiß. Die normale Körpertemperatur des Menschen liegt bis 37 °C, bei Fieber steigt sie aber an.

→ *Antarktis*, → *Asien*, → *Eis*, → *Physik*, → *Wärme*

REKORDE

Die kälteste Temperatur, die es gibt, ist −273,15 °C. Dann bewegen sich keine Atome oder Moleküle mehr. Das ist der absolute Nullpunkt.

Die höchsten Temperaturen entstehen bei Blitzen. Sie können bis zu 30 000 °C heiß sein.

das **Theater**

Ein Theater ist ein Ort, an dem ein Schauspiel, Musical, eine Oper oder ein Ballett aufgeführt werden.

Schon seit über 3000 Jahren gibt es Theater. Bei den Griechen und Römern waren die Sitzplätze der Zuschauer in einem Halbkreis an einem Berghang angeordnet. Unten auf der Bühne fand die Aufführung der Schauspieler, Tänzer oder des Chores statt. Oft trugen die Schauspieler dabei Masken. Im Mittelalter gab es in Kirchen oder auf Marktplätzen Theateraufführungen. Erst seit etwa 400 Jahren gibt es Theaterhäuser, wie wir sie kennen: mit Sitzreihen und Logen, von denen aus man besonders gut sehen kann.

→ *Beruf*, → *Kultur*, → *Mittelalter*, → *Musik*, → *Römer*, → *Technik*

?! **WUSSTEST DU DAS?**

Das größte Theater wurde vor etwa 2000 Jahren in Rom erbaut. Es wurde Kolosseum genannt und war ein Amphitheater, also ein Rundbau. Auch heute ist es als Ruine noch ein eindrucksvolles Gebäude.

das **Tier**

Tiere sind Lebewesen, die pflanzliche oder tierische Nahrung zum Überleben benötigen. Sie brauchen Sauerstoff zum Atmen. Tiere werden unterteilt in Wirbeltiere und Wirbellose.

Zu den Wirbeltieren gehören Fische, Amphibien, Reptilien, Vögel und Säugetiere. Sie alle haben ein Skelett. An dem Skelett sind die Arme, Flügel und Beine, aber auch der Kopf befestigt.
Alle anderen Tiere wie Insekten, Schnecken, Spinnen, Quallen, Krebse und Würmer nennt man Wirbellose. In ihrem Körper sind keine harten Knochen.
Die meisten Tiere sind Wildtiere, nur wenige haben sich als Haustiere an das Leben mit den Menschen gewöhnt.

→ *Amphibien*, → *Fisch*, → *Haustier*, → *Insekt*, → *Reptil*, → *Säugetier*, → *Vogel*, → *Wildtier*

REKORDE

Heute sind etwa 1,4 Millionen Tierarten bekannt. Sicherlich gibt es weitere Arten, die im Regenwald oder in der Tiefsee noch nicht entdeckt wurden.

Einige Wirbellose sind so klein, dass sie nur aus einer einzigen Zelle bestehen. Das Pantoffeltierchen gehört zu diesen Einzellern. Es ist nur unter dem Mikroskop erkennbar.

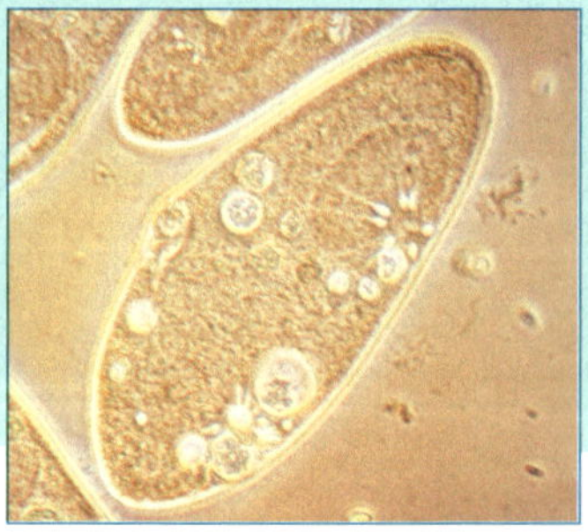

der **Tiger**

Der Tiger ist die größte aller Raubkatzen. Er kann über zwei Meter lang werden und hat einen sehr kräftigen Körperbau. Er lebt im Dschungel Asiens. Dort ist er im Gras oder im Unterholz durch seine Längsstreifen gut getarnt.

Tiger gehen nur auf Beutefang, wenn sie hungrig sind. Sie jagen Hirsche, Antilopen, Wildschweine, aber auch Fische. Wenn sie Beute erblicken, schleichen sie sich lautlos an und erlegen sie nach wenigen großen Sprüngen. Dann fressen sie sich satt. Das können Fleischportionen von bis zu 20 kg sein. Tiger können gut schwimmen und nehmen oft ein Bad im Fluss. Sie dösen aber auch gerne im Gras. Tiger sind Einzelgänger.

Tiger wurden wegen ihres Fells vom Menschen gejagt. Heute sind sie vom Aussterben bedroht und stehen daher unter besonderem Schutz.

→ *Asien,* → *Dschungel,* → *Raubtier,* → *Säugetier,*
→ *Tarnung*

?! **WUSSTEST DU DAS?**

Im Norden Asiens, in Sibirien, leben auch einige wenige Tiger. Dort gibt es im Winter viel Schnee und es ist sehr kalt. Der sibirische Tiger ist die größte Tigerart. Der Körper kann über 2 Meter lang werden. Der Schwanz ist bis zu 90 cm lang. Männchen wiegen bis zu 250 kg und Weibchen bis zu 150 kg.

die **Toleranz**

Das Wort Toleranz kommt aus dem Lateinischen und bedeutet Duldsamkeit.

Wenn zwei Menschen verschiedene Meinungen zu einem Thema haben, aber die Meinung des anderen trotzdem akzeptieren, dann tolerieren sie sich. Toleranz führt zu einem friedlichen Miteinander, da keiner wegen einer anderen Meinung verfolgt wird. Das Gegenteil von Toleranz ist Intoleranz. Es gibt aber auch Grenzen der Toleranz. Wer andere Menschen verspottet, unterdrückt oder misshandelt, kann keine Toleranz erwarten.

→ *Freiheit*

Friedens-Nobelpreis

Der Friedens-Nobelpreis wird Menschen verliehen, die sich für ein friedliches Zusammenleben einsetzen. Der letzte Deutsche, der den Friedens-Nobelpreis bekommen hat, war 1971 der frühere Bundeskanzler Willy Brandt.

T

die **Tundra**

Die Tundra ist der mit Pflanzen bewachsene Teil der Arktis und liegt weit im Norden. Der Sommer dauert nur 2–4 Monate. Dann steigen die Temperaturen auf 6–10 C° und der Schnee schmilzt, der in den anderen Monaten des Jahres die Erde bedeckt.

Die Tundra ist die Verbindung zwischen der Eiswüste der Arktis und den mit Bäumen bewachsenen Gegenden. Es wachsen dort keine Bäume, sondern nur wenige niedrig wachsende Pflanzen wie Sträucher, **Flechten** und Moose. Die Pflanzen überwintern unter der dicken Schneedecke.

Die Tundra ist die Heimat der Rentiere, Schneehasen, Eisbären und Robben. Nur wenige Menschen, die Inuit oder Saamen, leben dort.

→ *Arktis*, → *Inuit*, → *Pflanze*, → *Steinzeit*, → *Wüste*

?!

WUSSTEST DU DAS?

Rentiere werden in Nordamerika auch Karibu genannt. Sie leben im Sommer in der Tundra und im Winter ziehen sie bis zu 5000 km in großen Herden umher um Futter zu finden. Sie wurden vom Menschen schon in der Steinzeit gejagt. Die Menschen essen gerne das magere Fleisch und benutzen das Fell.

der **Tunnel**

Ein Tunnel ist eine unterirdische Röhre, die durch Berge oder unter Straßen, Seen oder Flüssen hindurch führt. So können längere Umwege vermieden werden.

Es gibt Tunnel für den Straßenverkehr, die Eisenbahn oder U-Bahnen und für Fußgänger. Um einen Tunnel zu bauen, werden von beiden Seiten Bohrungen durchgeführt. Dazu werden riesige Tunnelbohrmaschinen eingesetzt, die ähnlich wie ein Maulwurf arbeiten. Sie bohren und bauen sofort Stützen aus Stahl oder Beton in die Tunnelröhre. Das ausgegrabene Gestein wird abtransportiert.
Moderne Tunnel haben eine zweite Röhre, durch die man in Notfällen flüchten kann.

→ *Eisenbahn*, → *Stahl*

Der Eurotunnel verbindet Großbritannien und Frankreich. Er führt unter dem Ärmelkanal durch und ist 50 km lang. Im Eurotunnel gibt es zwei Röhren für die Eisenbahn.

der **Turm**

Türme sind hohe, schmale Bauwerke, die weithin sichtbar sind. Oft sind sie Wahrzeichen einer Stadt oder einer Region.

Im Mittelalter gehörten sie zu Stadtmauern oder Burgen und überragten sie. So ermöglichten sie die Überwachung der Umgebung. Der Bergfried als höchster Turm einer Burg bot den Bewohnern eine letzte Zuflucht vor den Feinden. Bei den frühen christlichen Kirchen stand der Glockenturm oft neben der Kirche. Erst seit der **Romanik** wurden die Glockentürme an die Kirchen angebaut. Viele bekamen später noch eine Uhr.

Türme haben auch ganz praktische Aufgaben. Neben Bergwerken standen meist Fördertürme aus Eisen. Über große Räder lief ein Seil. Damit wurden Bergleute mit Förderkörben unter Tage und wieder ans Tageslicht gebracht.

In Wassertürmen wurde Wasser gespeichert und von dort zu den Haushalten geleitet.
Leuchttürme wiesen Schiffen den sicheren Weg. Heute erledigt das meist das Radar.
Heute benötigen wir Funktürme und Fernsehtürme, um überall Fernsehprogramme empfangen oder das Handy benutzen zu können.

Zu den größten Türmen der Welt gehört der schöne CN-Tower einer kanadischen Fernsehgesellschaft in Toronto (554 m hoch). Heute entstehen wie bei einem Wettlauf immer höhere Wohn- und Bürotürme, z.B. in Malaysia (Petronas Tower 452 m hoch) oder in Dubai (818 m hoch).

Einer der schönsten Türme der Welt bleibt allerdings das Stahlgerüst des Pariser Eiffelturms von 1889, der etwa 300 m hoch ist.

→ *Baustil*, → *Mittelalter*, → *Stahl*, → *Stadt*

Verschiedene Türme

Wasserturm

Glockenturm einer Kirche

Fernsehturm in Berlin

Eiffelturm in Paris

Dubai-Tower

U

der **Umweltschutz**

Beim Umweltschutz geht es um den Schutz und die Bewahrung unserer natürlichen Umwelt. Es ist eine Gemeinschaftsaufgabe für alle Menschen, denn ihre Zukunft hängt davon ab, wie jeder Einzelne mit der Natur umgeht.

Umweltschutz will den Menschen eine natürliche Umwelt erhalten, in der sie gesund und menschenwürdig leben können.
Die Tier- und Pflanzenwelt, Boden, Luft und Wasser sollen geschützt werden vor schädlichen Folgen menschlichen Handelns.
Schäden, die der Umwelt durch Menschen zugefügt werden, sollen behoben oder zumindest gemildert werden, z.B. durch Rekultivierung oder Einrichtung von Naturparks.

Mittlerweile gibt es in jedem Land Gesetze zum Schutz der Umwelt, damit gegen Verstöße und Missstände vorgegangen werden kann. Umweltschützer kämpfen gegen Luft- und Wasserverschmutzung, Lärm, Müllberge, Verstädterung, Verschwendung von Rohstoffen, umweltfeindliche Technik und Industrie, Überfischung der Meere, Ausrottung von Walen, für artgerechte Tierhaltung, den Erhalt des Regenwaldes.

Umweltschützer geben sich viel Mühe, die Menschen über umweltfreundliches Verhalten zu informieren.

Müll zu trennen, Strom und Wasser zu sparen, Pflanzen zu pflegen, Tiere zu schützen und ihnen ihren Lebensraum zu belassen und Lärm zu vermeiden, sind kleine Schritte. Wenn jeder sie geht, helfen sie mit, die Umwelt zu schonen.

→ *Biotop*, → *Industrie*, → *Mensch*, → *Müll*,
→ *Naturschutz*

Umweltzonen in den Städten

Die Luftverschmutzung mit Feinstaub hat weltweit vor allem in den großen Städten zugenommen. Feinstaub kann für die Menschen gefährlich werden. Deshalb dürfen seit 2007 in besonders gefährdeten Gebieten keine Fahrzeuge mehr fahren mit einem hohen Feinstaubausstoß. Diese Gebiete, z.B. Innenstädte, werden mit dem Verkehrszeichen „Umweltzone" gekennzeichnet.

Bundesweit werden die Fahrzeuge je nach ihrem Feinstaubausstoß in die drei Schadstoffklassen grün (niedrigster Ausstoß), gelb und rot eingeteilt. Wer ohne passende Plakette in die Umweltzone fährt, muss mit einem Bußgeld rechnen.

das Vakuum

Vakuum stammt aus dem Lateinischen und bedeutet leer. Die Denker im alten Griechenland konnten kein Vakuum herstellen. Aber sie haben darüber nachgedacht, ob etwas völlig leer sein kann oder ob es etwas gibt, das nichts ist.

1657 hat Otto von Guericke in einem Versuch bewiesen, dass es ein Vakuum geben kann. Er steckte zwei metallische Halbkugeln aufeinander und pumpte die Luft heraus. Nicht einmal Pferde konnten die Halbkugeln wieder auseinander ziehen, weil die Luft ringsum sie zusammendrückte. Heute wird öfter aus verschiedenen Gründen ein Vakuum, ein luftleerer Raum, hergestellt: Bei Vakuumverpackungen hören wir, wie die Luft beim Öffnen hineinzischt. Auch in Glühlampen und Fernsehbildschirmen herrscht ein Vakuum.

→ *Glühlampe*, → *Physik*, → *Technik*

Otto von Guericke

Otto von Guericke war ein Tüftler, der viele verschiedene Sachen erfand. Heute ist er vor allem noch bekannt wegen seiner Versuche zum Vakuum. Er erfand eine Pumpe, mit der er Luft aus einem Körper herauspumpen konnte. Eine solche luftleere Kugel aus zwei Hälften zusammengepresst, konnten je acht Pferde nicht auseinander ziehen.

der Vegetarier

Ein Vegetarier ist ein Mensch, der nichts von getöteten Tieren isst. Alle Vegetarier verzichten auf Fleisch, Wurst und Fisch.

Sie ernähren sich von pflanzlichen Produkten, also von Obst, Gemüse, Getreide, Sprossen und Nüssen. Die meisten essen aber Eier, Milchprodukte und Honig. Die Lacto-Vegetarier verzichten zusätzlich noch auf Eier. Veganer ernähren sich ausschließlich von pflanzlichen Produkten. Einige Menschen entschließen sich, vegetarisch zu essen, weil sie nicht möchten, dass Tiere getötet werden. Andere mögen den Geschmack nicht oder meinen, sich dann besonders gesund zu ernähren.

→ *Getreide*, → *Ernährung*, → *Obst*, → *Gemüse*, → *Tier*

EUROPEAN VEGETARIAN UNION · VEGETARISCH ·

Das grüne V, zeigt an, dass das Gericht vegetarisch ist. So wissen Vegetarier im Restaurant oder bei Fertiggerichten, dass keine Schlachtprodukte enthalten sind.

der **Verkehr**

Wenn viele Menschen sich von einem Ort zu einem anderen bewegen, spricht man von Verkehr. Jeder Mensch ist dann Verkehrsteilnehmer. Wenn dabei Waren und Güter zu einem Ziel bewegt werden, spricht man von Güterverkehr.

Alle Verkehrsteilnehmer benutzen Verkehrswege. Für Fußgänger gibt es Fußwege, für Radfahrer Radwege. Für Landfahrzeuge gibt es Straßen und Autobahnen. Schiffe benutzen Wasserstraßen, z. B. Flüsse und Meere. Unter der Erde fahren U-Bahnen. Weitere Schienenfahrzeuge sind Eisenbahnen und Straßenbahnen. In Wuppertal gibt es dazu noch die Schwebebahn, die an Schienen hängt und über den Fluss und die Straßen schwebt.

Auch in der Luft gibt es Verkehrswege. Denn die Flugzeuge dürfen nicht völlig beliebig durch die Gegend fliegen. Sie bekommen von Fluglotsen bestimmte Flugwege zugewiesen.

Da der Verkehr heute immer dichter und unübersichtlicher wird, muss er durch Verkehrszeichen und Verkehrsregeln geregelt werden.

Man unterscheidet zwischen privatem Verkehr und öffentlichem Verkehr (Busse, Bahn, Straßenbahn). Für die Umwelt ist es günstig, wenn viele Menschen am öffentlichen Verkehr teilnehmen. Denn es ist umweltfreundlicher, wenn 40 Menschen im Bus zur Stadt fahren als 40 Autos mit je einem Insassen. Allerdings muss dann das Angebot des öffentlichen Verkehrs auch gut und attraktiv sein, sowie preiswerter als das Auto.

→ *Auto*, → *Eisenbahn*, → *Fahrrad*, → *Kanal*,
→ *Umweltschutz*

Verkehrsschilder

Verbotsschilder

Gebotsschilder

Warnschilder

Hinweisschilder

der Vogel

Vögel gibt es eigentlich überall: an Küsten, am Meer, im Gebirge, auf Feldern, in Wäldern und immer mehr auch in den Städten. Es gibt viele tausend Vogelarten.

Sie unterscheiden sich auf manche Weise, aber alle haben Schnabel, Kopf, Körper, zwei Flügel, zwei Beine und einen Schwanz. Alle legen Eier, brüten sie aus und pflanzen sich dadurch fort. Und bei allen ist der Körper mit Federn bedeckt. Die meisten Vögel fetten ihre Federn mit dem Fett der Bürzeldrüse (am After) ein. Dadurch perlt Wasser an den Federn ab und die Vögel behalten eine trockene Haut. Ansonsten sind die Vögel wie andere Tiere auch an ihren Lebensraum angepasst. Gute Flieger erkennt man an kräftigen Flügeln, gute Schwimmer haben Schwimmhäute zwischen den Zehen. Raubvögel sind gekennzeichnet durch ihren gebogenen, scharfen Schnabel und ihre Klauen zum Festhalten der Beute.

Wegen fehlender Nahrung wechseln Zugvögel im Frühling und im Herbst ihren Standort. Schwalben und Störche fliegen dabei tausende von Kilometern, z. T. bis Südafrika.

Manche ausgebrüteten Jungvögel sind nackt und hilflos und werden im Nest noch 2–3 Wochen von den Eltern ernährt. Sie werden Nesthocker genannt. Andere sind sogenannte Nestflüchter, sie können sofort laufen und sich versorgen (Enten). Vögel ernähren sich unterschiedlich. Raubvögel wie Bussarde oder Eulen jagen und fressen kleine Tiere. Gartenvögel fressen neben kleinen Insekten meist Beeren und Samen. Seevögel tauchen nach Muscheln, Schnecken und kleinen Fischen.

→ *Feder*, → *Insekt*, → *Spur*, → *Tier*

Vogel-Rekorde

Der größte Vogel ist der Strauß. Er ist größer als jeder Mensch und kann fast 3 m hoch werden.

Der schnellste Flieger unter den Vögeln ist der Wanderfalke. Wenn er eine Beute erspäht hat, stürzt er sich mit über 300 km/h darauf.

Der kleinste Vogel ist eine Kolibriart, die nur etwa 5 cm groß wird. Kolibris schlagen die Flügel schneller als alle anderen Vögel. Sie können sogar auf der Stelle in der Luft stehen.

der Vorname

Seit dem 12. Jahrhundert ist es üblich, Kindern einen Vornamen (Rufname, Taufname) und einen Familiennamen (Hausname, Nachname) zu geben.

Einige Vornamen sind sehr alt und haben einen germanischen Ursprung (Konrad) oder römischen (Petrus, Julia) oder griechischen (Georg). Häufig wurden die Vornamen von Heiligen gewählt (Anna, Maria, Johannes) oder von Helden aus den Sagen (Dietrich, Rüdiger). Früher war der Namenstag in vielen Familien wichtiger als der Geburtstag und wurde groß gefeiert. In vielen Kalendern steht heute noch für jeden Tag ein Vorname eingetragen. Am 6. Dezember ist z. B. der Namenstag von Nikolaus und allen verwandten Namen wie Klaus, Niko, Nico oder Kolja.

→ *Germanen*, → *Römer*

Lieblingsnamen

der Vortrag

Wer von einer Sache sehr viel weiß, ist ein Experte. Das gilt auch für Kinder. Ein Experte kann andere informieren, z. B. durch einen Vortrag.

Vorbereitung zu Hause:
Was soll ich sagen?
Wie soll ich es sagen?
Was wird die anderen interessieren?
…

Durchführung in der Schule:
Das Thema an die Tafel schreiben.
Laut und deutlich sprechen.
Wenig ablesen.
Bilder und Gegenstände zeigen.
…

der Vulkan

Ein Vulkan ist meist kegelförmig mit einer Öffnung an der Spitze①. Unter diesem Krater führt ein Schlot② bis zum Inneren der Erde. Hier befindet sich eine flüssige Gesteinsmasse. Wird der Druck im Erdinnern zu stark, sucht sie sich eine rissige oder dünne Stelle in der Erdkruste③ und durchbricht die darüber liegenden Gesteinsschichten.

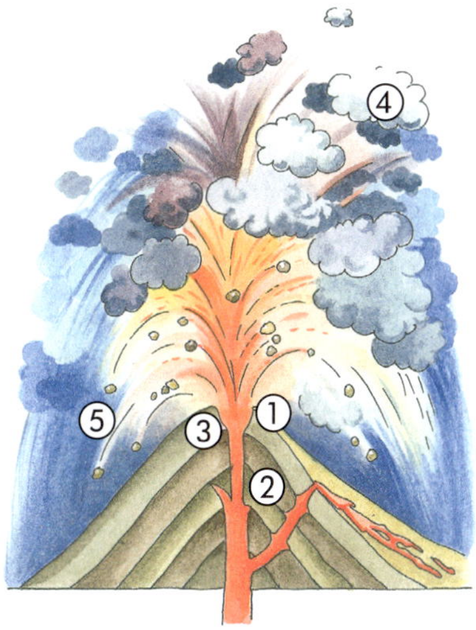

Dabei werden die flüssigen Gesteinsschichten und auch giftige Gase④ ausgestoßen. Nach dem Austritt aus dem Krater kühlt sich die glühende Masse, die Lava, an der Luft ab. Außerdem fällt vulkanische Asche⑤ auf die Erde. Diese Vulkanasche macht die Böden sehr fruchtbar.

Der Vulkan ist nach dem griechischen Gott des Feuers benannt. In den Sagen sitzt der im Innern des Vulkans und oben kommt der Rauch seines Feuers heraus.

Oft wurden Menschen durch Vulkane gefährdet und mussten ihre Heimat verlassen. 79 n. Chr. wurde in Süditalien die Stadt Pompeji durch einen plötzlichen Ausbruch des Vulkans Vesuv unter meterhoher Asche begraben. Vor 100 Jahren hat man den Ort wieder freigelegt, sodass man die alten römischen Häuser weitgehend im Originalzustand besichtigen kann.

In der Eifel findet man große rundliche Löcher, die meist mit Wasser gefüllt sind. Sie werden Maare genannt und zeugen von einer früheren vulkanischen Explosion.

Es gibt tätige Vulkane, die aber nicht regelmäßig ausbrechen. Oft ruhen sie Jahrzehnte oder sogar Jahrhunderte, ehe sie wieder aktiv werden.
Der Ätna auf Sizilien ist Europas größter aktiver Vulkan.

→ Erde, → Römer

die Waage

Mit Waagen kann man Menschen, Tiere und Dinge wiegen. Bei uns benennt man das Gewicht in Gramm und Kilogramm.

Die einfachste und älteste Form der Waage ist die Balkenwaage, die ähnlich funktioniert wie eine Wippe. Auf die eine Seite des Balkens wird der Gegenstand gelegt, auf die andere Seite legt man so lange Gewichtsteine, bis der Balken im Gleichgewicht ist.
Die Waagen an den Supermarktkassen arbeiten elektronisch und zeigen das Gewicht in Zahlen an (digital). Außerdem errechnen sie automatisch den Preis der abgewogenen Ware.

→ *Konsum*, → *Produktion*

Küchenwaage

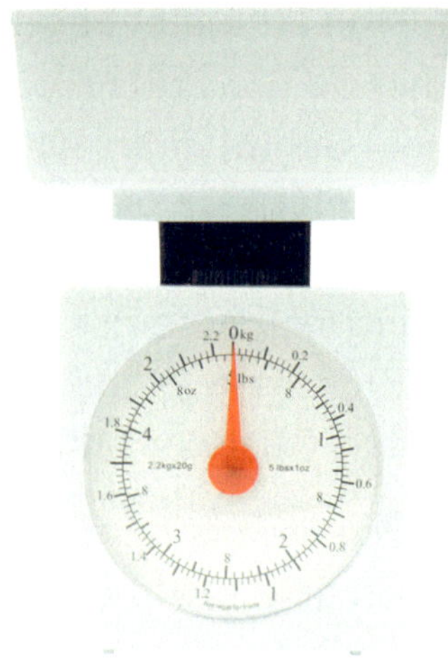

Mit dieser Waage kann man z. B. Backzutaten abmessen.

die Wahl

Zur Demokratie gehören Wahlen. Bei Wahlen haben die Bürger die Möglichkeit, einen Bürgermeister, einen Abgeordneten oder eine Partei zu wählen, die sie vertreten sollen.

Vier Grundsätze für demokratische Wahlen:
Sie müssen frei sein, d. h.: man kann den Kandidaten wählen, den man will.
Sie müssen geheim sein, d. h.: nur der Wähler weiß, wen oder was er gewählt hat. Darum wird die Stimme in einer Wahlkabine abgegeben und in einem Umschlag.
Die Wahlen müssen allgemein sein, d. h.: jeder darf wählen, der ein bestimmtes Alter hat.
Sie müssen gleich sein, d. h.: alle Stimmen sind gleich viel wert.

Auch bei Wahlen zum Klassensprecher können diese Grundsätze beachtet werden.

→ *Demokratie*, → *Deutschland*, → *Freiheit*, → *Politik*

Grundsätze einer demokratischen Wahl

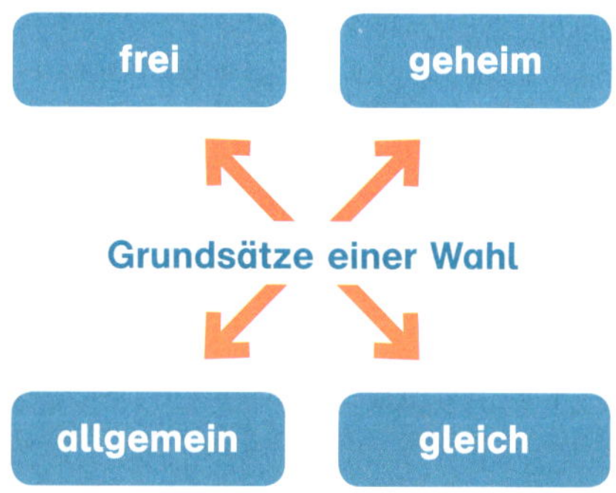

der **Wal**

Wale sehen mit ihren stromlinienförmigen Körpern zwar wie Fische aus, gehören aber zu den Säugetieren. Sie bekommen lebende Junge im Wasser, die sie mit der Muttermilch säugen. Da sie Lungen haben, müssen sie immer wieder zum Atmen an die Wasseroberfläche.

Es gibt verschiedene Wale, die alle friedlich sind. Man kann sie in zwei Arten unterteilen. Die kleineren sind meist Zahnwale. Sie haben bis zu 50 Zähne in jedem Kiefer. Damit fressen sie kleinere Fische, Krebse und Tintenfische. Zu den Zahnwalen gehören Delfine, Tümmler und Pottwale.

Die größeren sind meist Bartenwale. Sie haben keine Zähne, sondern Barten. Das sind dünne Platten, die vom Gaumen in die Mundhöhle hängen. Sie wirken wie ein Sieb und halten das Plankton und den Krill, von dem sich die Bartenwale ernähren, fest. Krill sind kleine Meerestiere, Plankton kleine Meerespflanzen. Der Blauwal, der größte Wal und das größte Tier der Welt überhaupt, frisst bis zu 2 Tonnen Plankton und Krill am Tag. Dazu taucht er ab und frisst etwa 15 Minuten lang, bevor er wieder auftaucht.

Jahrelang waren Wale vom Aussterben bedroht, weil sie zu zahlreich gejagt und getötet wurden. Dann gab es eine internationale Vereinbarung, dass nur wenige Wale gefangen werden durften. Dadurch hat sich der Bestand der Wale etwas erhöht. Dennoch sind sie immer noch gefährdet durch die Jagd und den zahlreichen Schiffsverkehr, der mit seinem Motorenlärm die Orientierung der Wale erschwert.

→ *Fisch*, → *Säugetier*, → *Schiff*, → *Wasser*

Walarten

Der Pottwal ist der größte Zahnwal. Er wird bis zu 17 m lang. Seine Nahrung sucht er in sehr großer Tiefe (bis zu 1000 m tief).

Der Blauwal ist der größte Bartenwal und das größte Lebewesen der Welt. Er wird bis zu 30 m lang.

Der schwarz-weiße Schwertwal wird auch Orca genannt. Er wird bis zu 7 m lang und jagt neben Fischen auch Robben und Pinguine.

Delfine werden etwa 2,5 m lang. Sie fressen kleine Fische und Krabben. Sie sind sehr zutraulich und nähern sich Schiffen.

W

der Wald

Ein Wald ist ein Biotop aus verschiedenen Bäumen, Sträuchern, Pflanzen und Tieren.

Im Gebirge, in Kältezonen und in trockenen Gegenden existiert eine Baumgrenze, ab der keine Wälder mehr vorkommen. In tropischen Gebieten gibt es Regenwälder oder Dschungel.

Mischwälder bestehen aus Nadel- und Laubbäumen. Reine Nadel- oder Laubwälder sind sehr anfällig für Schädlinge oder Krankheiten.

Der Wald hat wichtige Funktionen. Er bietet vielen Tieren und Pflanzen einen Lebensraum. Durch die Bäume dringt nur wenig Lärm, sodass es im Wald ruhig ist. Dadurch hat er für die Menschen eine große Erholungsfunktion. Sie gehen gerne im Wald spazieren.
Die Bäume und Pflanzen filtern den Staub aus der Luft. Außerdem nehmen sie das Kohlendioxid der Luft auf und wandeln es in Sauerstoff um, den Menschen und Tiere zum Atmen brauchen.

Der Wald ist ein wichtiger Holzlieferant. Im Boden speichert der Wald Wasser und gibt es an das Grundwasser ab. Daher ist es im Wald oft kühl und feucht. Die Wurzeln der Pflanzen verhindern, dass die Erde wegwehen kann und der Boden austrocknet. Größere Erdrutsche oder Lawinen können durch die dichte Bewachsung des Waldes verhindert werden.

Im Wald arbeitet der Förster. Er pflegt den Wald und sorgt dafür, dass alte und morsche Bäume gefällt werden. Dafür setzt er neue Bäume und Sträucher. So bleibt das Gleichgewicht im Wald erhalten. Der Jäger schießt kranke Tiere wie Rehe und Wildschweine.

→ Biotop, → Dschungel, → Insekt, → Ökologie, → Pflanze, → Regenwald, → Tier, → Wildtier

Die Stockwerke des Waldes

Der Wald besteht aus mehreren Stockwerken. Jedes Stockwerk bietet anderen Tieren und Pflanzen einen Lebensraum.

1. Die Dichte der 25–40 m hohen Kronenschicht bestimmt, wie viel Licht und Wärme die anderen Schichten abbekommen. Es geht immer ein leichter Wind in den Baumkronen. Hier leben Vögel und Eichhörnchen.

2. In der Stammschicht leben Spechte, Baummarder, Eichhörnchen oder Eulen.

3. Die Strauchschicht wird bis zu 5 m hoch. Hier gibt es junge Bäume, Haselsträucher, Himbeer- und Brombeersträucher. Sie bietet viel Nahrung und gute Versteckmöglichkeiten. Hier leben Rehe, Wildschweine, Dachse, Füchse und Hirsche, Insekten und Fledermäuse. Es ist die wärmste Schicht des Waldes.

4. In der bis zu 1 m hohen Krautschicht wachsen Blütenpflanzen, Kräuter, Farne, Pilze, Moose und Zwergsträucher wie Heidelbeeren. Baumstümpfe, umgefallene Bäume und Laub bieten Salamandern, Insekten, Spinnen, Spitzmäusen und Igeln einen Lebensraum. Es ist die feuchteste und dunkelste Schicht des Waldes.

5. In der Bodenschicht leben Ameisen, Regenwürmer, Asseln, Insektenlarven. Außerdem gibt der Boden den bis zu 10 m langen Wurzeln der Pflanzen Halt.

das **Wappen**

Wappen entstanden im Mittelalter. Damals trugen Ritter Rüstungen. Helme bedeckten oft das ganze Gesicht. So wusste man nicht, ob sich hinter der Rüstung ein Freund oder Feind verbarg. Darum hat man auf den Schildern und manchmal auch auf den Brustpanzern ein Zeichen angebracht. Dieses Zeichen wurde Wappen genannt.

Wappen waren zunächst leuchtend und ganz einfach gestaltet, z. B. zwei Felder nebeneinander oder übereinander oder diagonal. Man sollte nur schnell aus der Entfernung oder im Kampfgetümmel den Kämpfer erkennen.

Damals verwendete man nur reine Farben wie Rot oder Blau und die beiden Metallfarben Silber und Gold. Zwei Farben wurden immer durch ein Metall getrennt. Zu den Wappen wurden oft ähnliche Fahnen getragen. Da es aber schwierig war, Stoffe silbern oder golden zu färben, waren auch die Farben Weiß und Gelb erlaubt. Später achtete man nicht mehr so sehr auf die Farbgebung. Deshalb hat auch die deutsche Fahne keine klassische Farbgebung, weil die Farben Schwarz und Rot aneinander stoßen.

Die Wappen wurden immer kunstvoller und erhielten feine Verzierungen. Wenn zwei Länder oder Familien sich zusammentaten, hat man auch die Wappen zusammengefügt. So besteht auch heute das Wappen des Saarlands eigentlich aus vier verschiedenen Wappen.

Heute darf sich jeder ein Wappen ausdenken und es z. B. in seinem Briefkopf führen. Man muss dazu kein Adeliger mehr sein.

→ *Flagge*, → *Mittelalter*

Es durften keine Farben aneinander stoßen. Sie mussten durch Metallfarben wie Silber (auch Weiß) und Gold (auch Gelb) getrennt sein.

Die Figuren in Wappen haben eine bestimmte Bedeutung, z. B. stehen Adler und Löwe für Macht und Herrschaft, weil sie auch im Tierreich als „Könige“ betrachtet werden.

Einige Wappen werden als sprechende Wappen bezeichnet, z. B. die Wappen von Ebersbach und Rosswein.

die Wärme

Wärme oder Kälte empfindet jeder anders. Was der eine als warm empfindet, fühlt sich für einen anderen lauwarm oder gar kalt an. Temperaturen allerdings können mit Thermometern genau gemessen und von einer Skala abgelesen werden.

Die bei uns übliche Skala des Thermometers wurde von dem Schweden Anders Celsius festgelegt. 0 Grad ist die Temperatur, bei der Wasser gefriert und 100 Grad ist die Temperatur, bei der Wasser kocht und in Wasserdampf übergeht.

Tiere und Pflanzen können sich oft an extremes Klima anpassen. Kakteen und andere Wüstenpflanzen wachsen dort bei großer Hitze und Trockenheit. In den Eiswüsten der Arktis und Antarktis leben Tiere dank ihres dichten Felles oder Federkleids. Eisbären haben z. B. schwarze Haut unter dem weißen Fell, mit der sie Wärme speichern.

Manche Stoffe leiten Wärme besonders gut, die meisten Metalle zum Beispiel. Deshalb nimmt man oft Aluminiumtöpfe zum Kochen. Die Henkel werden aus einem anderen Metall gefertigt, das Wärme nicht so gut leitet oder aus Kunststoff. Dagegen leiten Porzellantassen die Wärme nicht so gut. Man kann sie deshalb gut anfassen, obwohl sie mit heißem Kaffee gefüllt sind.

Wärme kann aus **Strom**, Gas, Steinkohle, Braunkohle, Öl, Solarzellen oder Erdwärme gewonnen werden. In Island werden Häuser, Schwimmbäder und sogar Gehwege mit Erdwärme geheizt.

→ *Mensch*, → *Pflanze*, → *Temperatur*, → *Tier*, → *Wüste*

James Dewar

Der Schotte James Dewar (1842 bis 1923) war ein Physiker und Chemiker. Er ist vor allem bekannt geworden wegen der Erfindung des Dewar-Gefäßes. Dieses besteht aus einem doppelwandigen, luftleeren Glas. Heute werden noch Thermoskannen in dieser Art gebaut, weil die Flüssigkeit durch den luftleeren Raum nur ganz langsam abkühlt.

VERSUCH

Nimm je einen Stab aus Stahl, aus Kunststoff und aus Holz (Schaschlikstab, Stricknadel, Trinkhalm).
Klebe mit einem Klecks Margarine an jeden Stab in gleicher Höhe eine Erbse. Stelle die Stäbe in einen Becher mit heißem Wasser (Vorsicht!).
Beobachte, was passiert. Überlege, warum es so passiert ist.

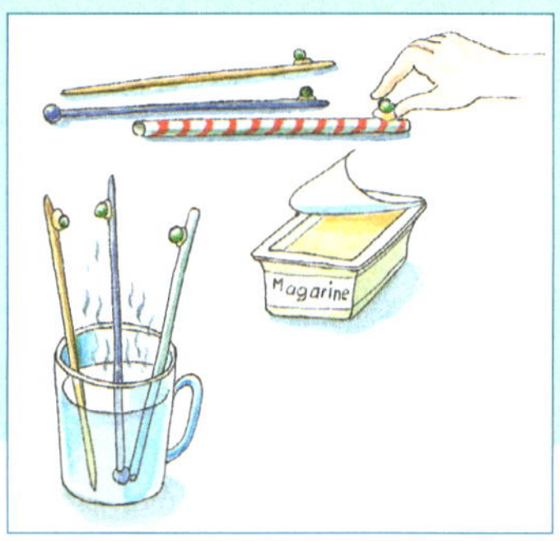

das **Wasser**

Wer sich einen Globus anschaut, stellt fest, dass die Erde fast ein Wasserplanet ist. Etwa drei Viertel der Erde sind mit Wasser bedeckt.

Selbst wir Menschen bestehen zu zwei Dritteln aus Wasser, bei Pflanzen liegt der Anteil noch höher. Wasser ist die Grundlage für alles Leben auf der Erde. Die großen Ozeane bestehen allerdings aus Salzwasser und das ist für Menschen ungenießbar. Das Wasser aus Flüssen, Bächen und Seen nennt man Süßwasser. Unter der Erde lagert Grundwasser. Es sammelt sich dort nach Regenfällen auf wasserundurchlässigen Schichten.

Wasser verdunstet ständig auf der Erde und steigt als Wasserdampf hoch und bildet Wolken. Die Wolken regnen sich ab. Der Regen fließt in Bächen und Flüssen zum Meer. Ein Teil versickert in der Erde. Es kommt an einigen Stellen als Quellen wieder heraus. Ein anderer Teil sickert noch tiefer. Es löst auf diesem Weg Mineralien wie Kalk, Salz oder Eisen aus dem Gestein. Es wird mit Brunnen und Pumpen zutage gefördert und dann in Fabriken als Mineralwasser abgefüllt. Da dieses Wasser verschiedene Wege genommen hat und durch unterschiedliche Schichten gesickert ist, schmeckt es überall anders.

Wasser aus der Natur können wir heute eigentlich nicht direkt trinken. Es wird in Wasserwerken zu Trinkwasser geklärt und aufbereitet. Dann aber ist es unser am besten kontrolliertes Nahrungsmittel.

→ *Abwasser*, → *Kanal*, → *Kläranlage*, → *Mineral*, → *Wetter*

Man streitet darüber, welches der längste Fluss der Welt ist. Der Nil in Afrika und der Amazonas in Südamerika sind fast gleich lang, etwa 6000 km.

Im Pazifischen Ozean gibt es eine Stelle, die fast 12 km tief ist. Damit ist sie tiefer als der höchste Berg hoch ist.

Der größte Binnensee ist das Kaspische Meer. Es ist größer als ganz Deutschland. Viele Länder grenzen daran an, z. B. Russland, Turkmenistan, Kasachstan, Iran und Aserbaidschan.

Die trockensten Gegenden der Welt sind die Wüsten. In der Atacama Wüste von Chile soll es seit 100 Jahren nicht geregnet haben.

Den höchsten Wasserfall der Welt gibt es in Südamerika in Venezuela. Die Angel Falls dort sind fast einen Kilometer hoch.

Das Tote Meer auf der arabischen Halbinsel ist natürlich nicht gestorben. Es ist nur so salzhaltig, dass darin kein Lebewesen leben kann.

Der Baikalsee in Russland ist der tiefste See der Erde mit etwa 1600 m. Hier lebt der einzige Süßwasser-Seehund.

Süßwasser ist selten auf der Erde. Wenn man sich alles Wasser der Erde als hundert Wasserblöcke vorstellt, sind 97 davon Salzwasser. Zwei davon wären gefrorenes Süßwasser an den Polen und nur ein Block wäre Süßwasser.

das **Watt**

Viele Kilometer der flachen deutschen und niederländischen Nordseeküste stehen nur bei Flut unter Wasser. Bei Ebbe liegt der Meeresboden frei. Diese Mischung von Sand, Schlamm und Restwasser nennt man Watt oder Wattenmeer.

Im Watt leben viele kleine Tiere, z. B. Würmer, Schnecken, Muscheln, Krabben. Sie sind Leckerbissen für viele Wasservögel wie Möwen oder Austernfischer. Das Watt und seine Tiere stehen unter Naturschutz. Bei Ebbe kann man durch das Watt wandern. Dazu gibt es kundige Wattführer, die sichere Wege und Zeiten kennen, denn eine Wattwanderung kann sonst gefährlich werden. Die Flut kommt manchmal schneller als man denkt.

Watt-Wanderung

→ *Ebbe und Flut,* → *Muschel,* → *Naturschutz,* → *Wasser*

das **Weben**

Schon die Steinzeitmenschen haben gewebt. Sie hatten zwar keine Webrahmen wie heute, aber sie wendeten dasselbe Verfahren an.

Ein Faden wird abwechselnd über und unter den anderen geführt. Im 15. Jahrhundert wurde der Webstuhl erfunden und damit entstand das Handwerk des Webers. Man konnte nun schneller und leichter weben, die Stoffe wurden gleichmäßig und erhielten schönere Muster. Im 18. Jahrhundert wurde der automatische Webstuhl erfunden. Viele Weber verloren damals ihren Beruf. Auch heute werden die Stoffe für Kleidung, Gardinen oder Bettwäsche noch so gewebt.

Arbeit am Webstuhl

Im Museum zeigt eine Mitarbeiterin das Weben an einem alten Webstuhl.

→ *Germanen,* → *Industrie,* → *Mode,* → *Steinzeit*

das **Weltwunder**

Schon in alten Zeiten gab es herausragende Orte oder Bauwerke, die jeder als Sehenswürdigkeit so bestaunte, dass er sie für ein Weltwunder hielt.

Im Altertum hat vor 2500 Jahren ein Grieche eine Liste von sieben Weltwundern der bekannten Welt zusammengestellt. Dabei waren u. a. ein Leuchtturm, ein Tempel, zwei Statuen. Die meisten sind inzwischen durch Kriege, Erdbeben oder das Altern zerstört. Nur eines dieser alten Weltwunder besteht heute noch, nämlich die Pyramiden von Gizeh.

Immer wieder gab es Versuche, neue Listen zusammenzustellen. In einer Liste standen der Kölner Dom, der Eiffelturm aus Paris, die Freiheitsstatue aus New York, der Schiefe Turm von Pisa, das Kolosseum von Rom.

Bei einer Internetabstimmung über heutige Weltwunder mit 100 Millionen Teilnehmern kamen 2007 die Chinesische Mauer und die mexikanischen Ruinen der Mayatempel auf die Spitzenplätze.

Mehrere Sehenswürdigkeiten in Deutschland wurden auf eine internationale Liste als Weltkulturerbe gesetzt. Dazu gehören unter anderem:

- der Kölner Dom,
- der Limes (also der Grenzwall aus der Römerzeit),
- die Museumsinsel in Berlin (mit vielen Museen und wichtigen Kunstschätzen),
- das Rheintal zwischen Koblenz und Bingen,
- die Fachwerkstadt Quedlinburg.

→ *Baustil,* → *Museum,* → *Rhein,* → *Römer*

Weltkulturerbe

Dazu zählt man jene Gebäude, die unsere Vorfahren gebaut haben und die so herausragend und wertvoll sind, dass sie für unsere Nachkommen erhalten und geschützt werden müssen.

Chinesische Mauer

Pyramiden in Giza (Ägypten)

Kölner Dom

Pyramide in Chichen Itza (Mexiko)

W

die **Werbung**

Werbung will die Menschen zum Konsum anregen. Sie sollen die Ware kaufen, für die geworben wird. Ebenso informiert Werbung über die Vielfalt der Produkte und wo eine Ware besonders günstig angeboten wird.

Es gibt viele Werbemittel wie Zeitungen, Zeitschriften, Internet, Werbezettel, Plakate, Radio und Fernsehspots. Oft wird mit einfachen, witzigen, bunten Texten und Melodien geworben und mit jungen, fröhlichen Menschen.

Für Werbung werden jährlich Millionen Euros von den Firmen ausgegeben, weil sie sich erhoffen, dass durch die Bekanntheit ihr Produkt mehr verkauft wird und dadurch der Gewinn steigt.

→ *Internet*, → *Konsum*, → *Mode*

Werbung früher

das **Werkzeug**

Werkzeuge sind die Arbeitsgeräte, die für verschiedene handwerkliche Tätigkeiten gebraucht werden. Im Haushalt und in Betrieben helfen sie Heimwerkern und Handwerkern bei der Herstellung und Reparatur von Gegenständen und bei der Bearbeitung von Material.

Jedes Handwerk braucht seine besonderen Werkzeuge, auch wenn für viele Arbeitsgänge mittlerweile Maschinen benutzt werden. Wichtig ist die richtige Handhabung und Wartung des Werkzeugs, weil man sich sonst verletzen kann.

Funde aus der Steinzeit zeigen bereits Werkzeuge einfachster Art aus Holz, Stein oder Knochen. Aus späteren Zeiten wurden dann Werkzeuge aus Bronze und aus Eisen gefunden.

→ *Industrie*, → *Maschine*, → *Steinzeit*

Werkzeuge und ihre Wirkung

Hämmer und Beile formen das Material.
Zollstock und Zirkel werden zum Messen benutzt.

Zum Schleifen und Schneiden dienen unter anderem Hobel, Säge, Messer, Feile, Schere.
Zum Festhalten werden u. a. benutzt: Schraubstock und die verschiedensten Zangen.

das **Wetter**

Viele unterschiedliche Erscheinungen bestimmen unser Wetter. Beobachten können wir: Niederschläge, Wolken, Wind. Anderes können wir messen: Temperatur, Luftdruck und Luftfeuchtigkeit.

Beobachtungen und Messungen werden mit Hilfe von Wettersatelliten, Wetterballons und Wetterstationen durchgeführt. Sie werden von Meteorologen, so nennt man die Wetterforscher, ausgewertet. Trotzdem gelingt ihnen nicht immer eine ganz genaue Voraussage.

Außerdem: Wir können das Wetter beobachten und messen, beeinflussen können wir es aber nicht. Das hängt vor allem damit zusammen, dass sich Wetter nicht an einem bestimmten Ort entwickelt, sondern in der Atmosphäre.

Eine große Rolle spielt die Sonne bei der Wetterbildung. Sie beeinflusst das Wetter vor Ort, aber auch die europaweiten und sogar die weltweiten Wetterströme. Wenn die Sonne den Kontinent erwärmt, steigt dort warme Luft auf. In diese Lücke strömt nun die kalte Luft vom Atlantik. Je größer die Temperaturunterschiede sind, desto heftiger sind die Stürme. Man kann dann messen, wo sich die sogenannte Kaltluftfront befindet und in welche Richtung sie treibt.

Bauern haben immer besonders auf das Wetter geachtet. So entstanden Wetterregeln, die hin und wieder auch heute zutreffen.

→ *Temperatur*, → *Wind*

Wetterstation

Bauernregeln

Nach grüner Weihnacht folgen weiße Ostern.

Sitzt die Birne fest am Stiel, bringt der Winter Kälte viel.

Märzenschnee tut den Saaten weh.

Ist der Herbst warm und fein, kommt ein scharfer Winter rein.

die **Wikinger**

Die Wikinger waren ein Seefahrervolk aus dem Norden Europas. Deshalb nannte man sie auch Normannen (d. h. soviel wie: Nordmänner).

Mit ihren flachen Schiffen, in denen bis zu 100 Männer saßen, segelten und ruderten sie ab etwa dem Jahr 800 an den Küsten entlang und die Flüsse hinauf. Sie fuhren bis nach Paris, Hamburg, Duisburg oder Kiew in der Ukraine. Bewaffnet waren sie mit Speeren, Schilden, Äxten, Schwertern, Pfeil und Bogen. Ihre Hauben und Helme hatten meist einen Nasenschutz.

Die Wikinger besiedelten Island und Grönland. Sie erreichten auch weit vor Columbus bereits Amerika. Überall plünderten sie schnell die Siedlungen aus, raubten Gold, Silber und Bronze. Ehe den Überfallenen jemand zu Hilfe kommen konnte, waren sie wieder fort. Sie starteten meist im Frühjahr zu diesen Raubzügen und kamen mit ihrer Beute im Herbst zurück.

Mit der Zeit wurden aber viele Wikinger sesshaft, d. h. sie errichteten feste Stützpunkte und bebauten das Land. Viele wurden Christen. Sie siedelten sich in ihren Heimatländern Dänemark, Schweden und Norwegen an.

In der Mitte ihrer Häuser befand sich der Herd. Ringsum schlief man. Alles, was sie brauchten, stellten sie selbst her. Die Männer waren geschickte Handwerker, die schöne und wertvolle Holz- und Metallarbeiten anfertigten, auch kunstvollen Schmuck für die Frauen. Die Frauen webten Stoffe aus Wolle und Leinen, versorgten den Haushalt und pflanzten Gemüse.

→ *Germanen*, → *Schiff*, → *Weben*

Der heute berühmteste Wikinger ist die Comicfigur Hägar, die nie gelebt hat. Nichts stimmt geschichtlich genau, aber der Zeichner macht sich mit viel Humor über das wilde und faule Verhalten seines Helden lustig.

Das Gegenteil von Hägar ist im dänischen Museum Haitabu zu sehen. Hier finden sich wirklich geschichtliche Reste aus der Wikingerzeit, u. a. auch von einem echten Wikingerschiff.

das **Wildtier**

Alle wild lebenden Tiere in der freien Natur nennt man Wildtiere. Sie werden im Gegensatz zu den Haustieren nicht vom Menschen versorgt.

Überall auf der Erde leben Wildtiere, viele sogar in der Nähe des Menschen. In unseren Gärten leben Maulwürfe, Igel, Käfer, Insekten. Singvögel bauen dort ihre Nester. Einige Wildtiere sind vom Aussterben bedroht, da der Mensch den natürlichen Lebensraum der Tiere verkleinert hat oder die Tiere früher in großer Zahl gejagt wurden. Heute gibt es Naturschutzgebiete, in denen Wildtiere geschützt leben können. Zu den Wildtieren gehört auch das Wild. Das sind wild lebende Tiere, die gejagt werden dürfen, wie Hirsche, Rehe oder Wildschweine in unseren Wäldern. Dies ist Jägern jedoch nur zu bestimmten Zeiten im Jahr erlaubt.

→ *Erde*, → *Haustier*, → *Insekt*, → *Käfer*, → *Naturschutz*, → *Wald*

Es existieren nur noch wenige Pandas, Menschenaffen, Löwen und Tiger in freier Natur. Einige Tiere leben in Zoos und werden dort erfolgreich nachgezüchtet.

der **Wind**

Wind ist bewegte Luft. Die Entstehung kann man auch im Zimmer feststellen. Wenn das Zimmer gut geheizt ist und der Flur draußen deutlich kälter, entsteht ein Luftzug, es zieht.

Wenn die Sonne eine Gegend erwärmt, steigt dort die warme, leichte Luft auf. Zu dieser Stelle strömt nun kältere Luft. So entsteht ein Wind. Vor etwa 200 Jahren hat der englische Admiral Francis Beaufort eine Skala für Windstärken von 0–12 festgelegt, also von Windstille bis **Orkan**. **Tornados** oder andere Wirbelwinde sind aber noch stärker als ein Orkan. Sie richten meist schreckliche Verwüstungen an.

→ *Wetter*

UNWETTER ÜBER LEIPZIG

Feuerwehr räumt die Straße frei

Tornado rast an Lübeck vorbei

ALTE BUCHE FIEL UM

W

der **Winterschlaf**

Viele Säugetiere wie Igel oder Siebenschläfer halten Winterschlaf, da sie im Winter keine Nahrung finden würden.

Im Sommer und Herbst fressen sie sich eine schützende Fettschicht für den Winter an und suchen sich ein geschütztes Nest. Im Winter wachen sie nicht auf. Ihre Körpertemperatur sinkt auf 0–5 Grad C ab und ihr Herzschlag wird viel langsamer. Im Frühjahr wachen die Tiere dann sehr abgemagert wieder auf.

→ *Säugetier*

?! **WUSSTEST DU DAS?**

Tiere wie Eichhörnchen und Bären halten nur Winterruhe. Im Winter schlafen sie viel. Manchmal werden sie jedoch wach, um von ihren gesammelten Vorräten zu fressen. Ihre Körpertemperatur sinkt nur wenig ab, aber ihr Herzschlag wird langsamer.

die **Wüste**

Eine Wüste ist eine sehr trockene Gegend, in der kaum Niederschlag fällt. Oft ist es in der Wüste tagsüber sehr heiß, nachts kühlt es deutlich ab.

Stein- und Geröllwüsten kommen am häufigsten vor, nur wenige Wüsten bestehen aus Sand. In der Wüste gibt es nur wenige Tiere und Pflanzen, die mit den geringen Wasservorräten leben können. Schlangen graben sich aus Schutz vor der Sonne im Boden ein. Skorpione oder Wüstenfüchse sind nachts aktiv, wenn es kühler ist. Einige Pflanzen blühen nur nach Niederschlägen und verblühen sehr schnell. Ihre Samen bleiben bis zum nächsten Regen in der Erde.
In Oasen gibt es Wasserstellen, deshalb können dort auch Dattelpalmen wachsen. Hier leben auch Menschen und betreiben Ackerbau. Nomaden ziehen mit Kamelen durch die Wüste. Sie rasten in den Oasen.
Eine besondere Form der Wüste ist die Eiswüste wie in der Antarktis.

→ *Antarktis*, → *Pflanze*

Verschiedene Wüsten

Die größte Trockenwüste ist die Sahara in Afrika. Äußerst selten findet man dort Oasen mit Wasserstellen.

Die größte Eiswüste ist die Antarktis.

Xanten

Xanten ist eine kleine Stadt in Nordrhein-Westfalen. Sie liegt an der holländischen Grenze und hat nur etwa 20 000 Einwohner.

Dennoch ist Xanten in mancherlei Hinsicht einmalig:
Xanten ist der einzige Ort Deutschlands, der mit X beginnt.
Xanten soll die Heimatstadt von Siegfried, dem Helden der Nibelungensage, sein. Wie bei allen Sagen weiß man aber nicht, ob das wirklich stimmt.
In Xanten gibt es den APX. Das ist der Archäologische Park Xanten. Hier wurden die Reste und Grundmauern einer ganzen römischen Stadt gefunden, z. T. ausgegraben und wiederaufgebaut.

Vor fast 2000 Jahren haben die Römer hier ein Soldatenlager gebaut. Diese Soldaten sollten die Grenze gegen die Germanen verteidigen. Später siedelten sich in der Nähe auch immer mehr Zivilisten an, z. B. Handwerker oder Wirte. Der römische Kaiser gründete deshalb hier die Stadt Colonia Ulpia Traiana (CUT).

Eine Legende erzählt, wie Xanten zu seinem ausgefallenen Namen kam: Einmal wollten zwei römische Soldaten, von denen einer Viktor hieß, nicht den römischen Göttern opfern, weil sie Christen waren. Sie wurden getötet und an einer Stelle begraben, die man „ad sanctos“ nannte. Das bedeutet „Zu den Heiligen“. Daraus entstand später der ungewöhnliche Name Xanten. An der Stelle der Gräber steht heute der St. Viktor Dom. Er ist der größte und schönste Dom des ganzen Niederrheins mit einer besonders kostbaren Ausstattung.

→ *Baustil,* → *Germanen,* → *Römer*

Amphitheater

Rekonstruktion (Wiederaufbau) des Hafentempels

Die beiden Türme des Xantener St. Viktor Doms kann man in der flachen Landschaft des Niederrheins kilometerweit sehen.

der Yak

Yaks sind starke, kräftige Rinder. Der Stier wird über 4 m lang und fast 2 m hoch. Die Kühe sind allerdings deutlich kleiner. Das dicke, dunkle Fell ist lang und weich und hängt bis auf den Boden.

Yaks leben in Asien, über 4000 m hoch in der Hochebene Tibets. Sie laufen nicht schnell, können aber gut klettern. Morgens und abends ernähren sie sich von magerem Gras und spärlichen Pflanzen. Sie sind Wiederkäuer wie unsere Kühe. Yaks werden auch als Haustiere gehalten. Sie tragen Lasten und ziehen Karren. Sie geben Milch, ihre Haare werden zu Garn versponnen, ihr Mist wird als Brennmaterial genutzt. Das Fleisch ist wohlschmeckend, das Fell wärmt als Kleidung im Winter.

→ *Asien*, → *Haustier*, → *Wildtier*

Yak auf der Hochebene Tibets

Yoga

Yoga ist eine Denkweise, die aus Indien stammt. In der alten indischen Sprache meint es die Verbindung von Körper und Geist. Yoga kennt viele Übungen, die nicht nur den Körper entspannen, sondern sich auch auf das Gefühl, die Stimmung und das Denken auswirken.

Beim Yoga geht es immer um Anspannung und Entspannung. Heute werden auch gezielt Übungen für Kinder angeboten. Das können körperliche Übungen zum Dehnen und Strecken sein, aber auch Meditationen oder Fantasiereisen. Dabei sollen die Kinder lernen, ihren Körper bewusst zu erfahren, auf ihren Atem zu hören, sich besser zu konzentrieren, Ruhe zu finden und Probleme gelassener anzugehen.

→ *Mensch*, → *Sport*

Yogaübungen

Der Hund

Der Baum

der Zahn

Mit den Zähnen zerkleinert man die Nahrung. Alle Zähne des Ober- und Unterkiefers bilden das Gebiss. Babys bekommen ab dem Alter von sechs Monaten ihre ersten Milchzähne. Zum Milchzahngebiss gehören 20 Zähne, die ab etwa sechs Jahren zu wackeln beginnen und ausfallen.

Die bleibenden Zähne wachsen nach und bilden das bleibende Gebiss mit 32 Zähnen. Die vier Weisheitszähne wachsen erst mit etwa 18 Jahren.

Die Zähne müssen gründlich gepflegt werden, da sie lange halten müssen. Süßigkeiten z. B. schaden den Zähnen. Werden die Zähne nicht gut geputzt, können Löcher (Karies) entstehen. Dann muss der Zahnarzt mit dem Bohrer den kranken Zahnschmelz entfernen und eine Füllung in das Loch einsetzen. Damit es nicht wehtut, bekommt man eine Spritze.

Wer seine Zähne gründlich pflegt, sollte trotzdem regelmäßig zum Zahnarzt gehen. Auch der Schul-Zahnarzt kontrolliert die Gesundheit der Zähne. Er achtet auch auf den gleichmäßigen Abstand und den geraden Stand der Zähne. Wenn er hier Fehler entdeckt, empfiehlt er den Besuch bei einem Kiefern-Orthopäden. Dieser Besuch lohnt sich, denn es ist viel einfacher, ein Kindergebiss zu korrigieren als ein Erwachsenengebiss. Wer dies weiß, nimmt gerne für eine begrenzte Zeit das unbequeme Tragen einer Zahnspange in Kauf. Natürlich sind Zahnspangen auch längst kein Grund mehr für Spott und Auslachen.

→ *Arzt*, → *Ernährung*, → *Mensch*

Aufbau und Bestandteile eines Zahns

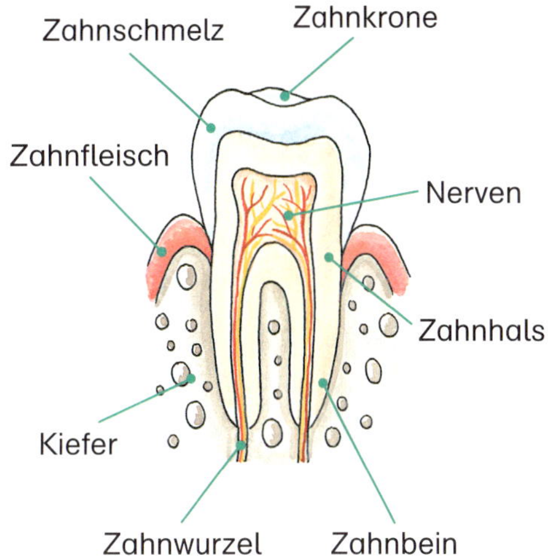

Feste Zahnspange

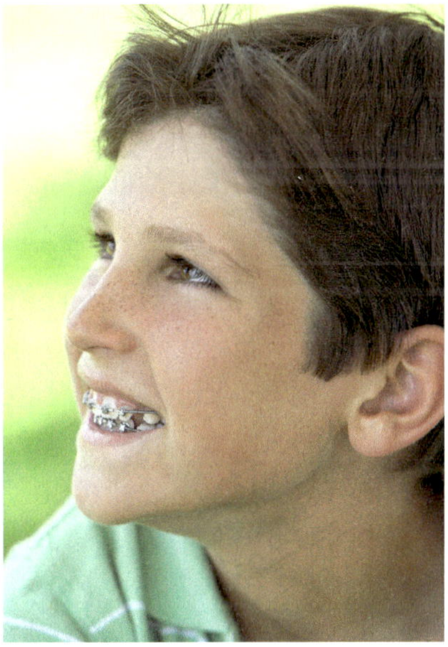

Es gibt Zahnspangen, die man nach dem Essen zum Reinigen oder auch nachts herausnehmen kann. Feste Zahnspangen sind verschraubt und werden erst nach längerer Zeit wieder entfernt. Denn das Geraderücken schiefer Zähne dauert seine Zeit.

Z

das **Zahnrad**

Ein Zahnrad ist ein Rad, an dessen Rand Zähne sitzen. Diese Zähne passen genau in die Zähne eines anderen Zahnrades. Wenn sie sich drehen, können sie Kraft und Bewegung übertragen.

Viele Maschinen arbeiten mit Zahnrädern. Wenn Zahnräder zusammen arbeiten, spricht man von einem Getriebe. Wenn sich ein großes Zahnrad einmal dreht und ein kleineres dabei zweimal, ist das eine Übersetzung. Dreht sich ein kleines Zahnrad viermal, um das große einmal zu drehen, nennt man das eine Untersetzung.

→ *Maschine*, → *Technik*

die **Zecke**

Zecken sind etwa 2 mm große Spinnentiere. Sie ernähren sich von dem Blut verschiedener Säugetiere. Sie stechen z. B. Rehe, Füchse, Mäuse und Ratten und saugen ihr Blut. Aber sie befallen auch Menschen.

Zecken leben auf Gräsern und auf Sträuchern. Wenn wir vorbei gehen, streifen wir manchmal Zecken ab. Sie krabbeln bis zu einer Stelle mit nackter Haut. Dort stechen sie und saugen Blut. Diesen Stich bemerkt man nicht, weil die Zecke mit ihrem Speichel die Stelle betäubt. Hat die Zecke sich voll Blut gesaugt, bekommt sie einen etwa bohnengroßen Hinterleib. Eine Gefahr für Menschen besteht darin, dass Zecken Krankheiten übertragen können, z. B. eine Hirnhautentzündung und die Borreliose. Sie verlaufen unterschiedlich, können in seltenen, schweren Fällen zu Lähmungen und bleibenden Nervenschäden führen.

→ *Arzt*, → *Spinne*

Schutz vor Zecken

Vor einem Zeckenbiss schützt zunächst geschlossene Kleidung. In Gegenden mit hohem Zeckenvorkommen sollte man nackte Beine und Oberarme vermeiden. Zecken müssen so schnell wie möglich mit einer Pinzette entfernt werden. Ein Arzt sollte die Stelle danach kontrollieren.
Es gibt auch eine Impfung gegen die Hirnhauterkrankung, gegen die Borreliose jedoch nicht. Sie kann aber mit Antibiotika behandelt werden.

die **Zeit**

Die Zeit ist für viele Menschen vor allem die Lebenszeit. Man kann die Zeit mit Uhren messen. Sie geht weiter und ein vergangener Augenblick kann nicht mehr zurückgeholt werden.

Die Zeit ist nach den Beobachtungen der Natur eingeteilt worden. So wurden Tag und Nacht unterteilt. Man stellte fest, dass der Mond sich veränderte und legte danach die Monate fest. Zeit wurde mit der Erfindung von Zeitmessern in immer kleinere Einheiten unterteilt. Der Zeitverlauf wird unterschiedlich empfunden. Dem einen vergeht sie manchmal zu langsam, dem anderen zu schnell. Ferien vergehen oft zu schnell, Warten auf etwas Schönes dauert und dauert …

→ *Jahr*, → *Technik*

Verschiedene Zeitmesser

Kalender

Sanduhr

Wecker

der **Zucker**

In Asien kannte man Zucker schon lange. Nach Europa kam er erst im 11. Jahrhundert. Er war aber so teuer, dass nur die Reichsten ihn sich leisten konnten.

Im März werden Zuckerrüben gesät und zum Herbstbeginn geerntet. In Zuckerfabriken werden die Rüben gewaschen und klein geschnitzelt, der Saft wird herausgelöst und zu Sirup eingekocht. Schließlich entstehen daraus die Zuckerkristalle. Sie werden getrocknet, gekühlt und später verpackt. Heute gibt es ganz verschiedene Zuckersorten: brauner Zucker, Kandis, Puderzucker, Hagelzucker, Einmachzucker, Würfelzucker und Zuckerhüte.

→ *Ernährung*

Erst ab 1800 wurde bei uns aus Zuckerrüben Zucker hergestellt.

Es gibt auch Zucker, der aus Zuckerrohr hergestellt wird.

Bildquellennachweis

2.1 shutterstock (Arnold John Labrentz), New York, NY; **2.2** WILDLIFE Bildagentur GmbH, Hamburg; **3.1** Siemens-Pressebild, München; **3.2** Ullstein Bild GmbH, Berlin; **8.1** Imago Stock & People, Berlin; **9.1** Klett-Archiv (Felgner, J., Leipzig), Stuttgart; **9.2** Fotolia LLC, New York; **11.1** Action Press GmbH, Hamburg; **11.2** Fotolia LLC (Parato), New York; **15.1** Logo, Stuttgart; **16.1** Getty Images, München; **18.1** Imago Stock & People, Berlin; **20.1** AKG (NordicPhotos), Berlin; **20.2** Ullstein Bild GmbH, Berlin; **20.3** Fotolia LLC, New York; **20.4** Corbis, Düsseldorf; **21.1** Fotolia LLC (A.Hornung), New York; **21.2** laif (Christian Heeb), Köln; **22.1** Dreamstime LLC (Ale1969), Brentwood, TN; **22.2** iStockphoto (pixonaut), Calgary, Alberta; **22.3** Fotolia LLC (Michael Söckneck), New York; **23.3** The Associated Press GmbH (Martin Meissner), Frankfurt am Main; **24.1** PantherMedia GmbH (S. Munsch), München; **25.1** Klett-Archiv (Foto-Geuther, Rötha), Stuttgart; **26.1** Ullstein Bild GmbH, Berlin; **26.2** shutterstock, New York, NY; **26.3** Ullstein Bild GmbH, Berlin; **28.1** Klett-Archiv (T. Scholze, Stuttgart), Stuttgart; **29.1** Interfoto, München; **29.2** Imago Stock & People, Berlin; **30.1** JupiterImages photos.com, Tucson, AZ; **31.1** laif, Köln; **33.1** Dream Maker Software (RF), Colorado; **33.2** MEV Verlag GmbH, Augsburg; **34.1** imago sportfotodienst, Berlin; **35.1** Fotolia LLC, New York; **35.2** Fotolia LLC, New York; **35.3** VISUM Foto GmbH, Hamburg; **36.1** Fotolia LLC, New York; **36.2** JupiterImages photos.com, Tucson, AZ; **37.1** Corbis (Skyscan), Düsseldorf; **37.2** Imago Stock & People, Berlin; **38.1** Ullstein Bild GmbH, Berlin; **39.1** Süddeutsche Zeitung Photo (Scherl), München; **39.2** Mauritius Images (imagebroker), Mittenwald; **39.3** Pilatus-Bahnen, Kriens; **39.4** Deutsche Bahn AG (Günter Jazbec), Berlin; **40.1** shutterstock (Arnold John Labrentz), New York, NY; **40.2** WILDLIFE Bildagentur GmbH, Hamburg; **41.1** Siemens-Pressebild, München; **42.1** AKG, Berlin; **42.2** iStockphoto, Calgary, Alberta; **43.1** Klett-Archiv (Klett-Archiv), Stuttgart; **43.2** Mauritius Images (Stock Image), Mittenwald; **44.1** iStockphoto, Calgary, Alberta; **44.2** shutterstock (Bram van Broekhoven), New York, NY; **45.1** Deutsche Gesellschaft für Ernährung e.V., Bonn, Bonn; **46.1** Dream Maker Software (RF), Colorado; **46.2** MEV Verlag GmbH (Klett-Perthes, Gotha), Augsburg; **49.1** MEV Verlag GmbH, Augsburg; **50.1** Fotolia LLC (Irene Teesalu), New York; **50.2** Ullstein Bild GmbH (CARO/Sorge), Berlin; **52.1** shutterstock (David Dohnal), New York, NY; **52.2** Getty Images, München; **52.3** Klett-Archiv (Klett-Archiv, Stuttgart), Stuttgart; **52.4** Klett-Archiv (Klett-Archiv, Stuttgart), Stuttgart; **52.5** Klett-Archiv (Klett-Archiv, Stuttgart), Stuttgart; **53.1** Corbis (Bettmann), Düsseldorf; **53.2** Süddeutsche Zeitung Photo (Scherl), München; **53.3** Airbus Deutschland GmbH, Hamburg; **55.1** iStockphoto (Kjell Brynildsen), Calgary, Alberta; **55.2** Europa-Park, Mack KG, Rust; **55.3** Dreamstime LLC (Katseyephoto), Brentwood, TN; **56.1** Fotolia LLC (Hendrik Schwartz), New York; **57.1** Fotolia LLC (Twilight_Art_Pictures), New York; **57.2** iStockphoto (felinda), Calgary, Alberta; **60.1** Klett-Archiv (Möllers, B., Velen), Stuttgart; **60.2** Klett-Archiv (Merkle, W., Stuttgart), Stuttgart; **61.1** MEV Verlag GmbH, Augsburg; **61.2** Fotolia LLC (eyewave), New York; **61.3** Fotolia LLC (kernel), New York; **61.4** Fotolia LLC (Stocksnapper), New York; **62.1** Fotolia LLC (sven), New York; **62.2** Mauritius Images (imagebroker), Mittenwald; **63.1** Bridgeman Art Library Ltd., Berlin; **64.1** Mauritius Images (imagebroker), Mittenwald; **65.1** Imago Stock & People, Berlin; **66.1** iStockphoto (Gregor Erdmann Photography), Calgary, Alberta; **66.2** JupiterImages photos.com, Tucson, AZ; **66.3** Fotolia LLC (Eric Isselée), New York; **66.4** Fotolia LLC (Friedrich Reinkensmeier), New York; **66.5** Imago Stock & People, Berlin; **68.1** Interfoto (Brown), München; **68.2** Ullstein Bild GmbH (Stillpictures), Berlin; **68.3** iStockphoto (Jani Bryson Studios, Inc.), Calgary, Alberta; **70.1** Ullstein Bild GmbH (Imagebroker.net), Berlin; **70.2** shutterstock (Kletr), New York, NY; **72.1** laif (B.&C. Alexander/Arcticphoto), Köln; **73.1** Klett-Archiv (Foto Geuther, Rötha), Stuttgart; **74.1** laif (Tobias Hauser), Köln; **74.2** ddp Deutscher Depeschendienst GmbH, Berlin; **74.3** Okapia (Wolfgang Lummer), Frankfurt; **74.4** Klett-Archiv (Aribert Jung), Stuttgart; **75.1** VISUM Foto GmbH, Hamburg; **75.2** VISUM Foto GmbH (Aufwind-Luftbilder), Hamburg; **76.1** JupiterImages photos.com, Tucson, AZ; **76.2** Corbis (Bettmann), Düsseldorf; **77.1** iStockphoto (Skyhobo), Calgary, Alberta; **77.2** Getty Images, München; **80.1** AKG (North Wind Picture Archives), Berlin; **80.2** Klett-Archiv (Foto-Günther, Leipzig), Stuttgart; **82.1** Imago Stock & People, Berlin; **84.1** Pixelio.de (Kladu), München; **84.2** Pixelio.de (Dieter Schütz), München; **84.3** JupiterImages photos.com, Tucson, AZ; **85.1** JupiterImages photos.com, Tucson, AZ; **85.2** Ullstein Bild GmbH (Röhnert), Berlin; **85.3** Ullstein Bild GmbH, Berlin; **86.1** laif (Hemispheres), Köln; **87.1** Getty Images (Gaston Paris/Roger Viollet), München; **87.2** iStockphoto (fotolinchen), Calgary, Alberta; **88.1** shutterstock (Sergey Goruppa), New York, NY; **88.2** shutterstock (Anyka), New York, NY; **88.3** Avenue Images GmbH (Ingram Publishing), Hamburg; **88.5** Dreamstime LLC (Gedewe), Brentwood, TN; **88.6** iStockphoto (Christoph Ermel), Calgary, Alberta; **88.7** shutterstock (Yobidaba), New York, NY; **89.1** Okapia (Dr. Hermann Brehm/SAVE), Frankfurt; **89.2** Pixelio.de (Harry Hautumm), München; **90.1** iStockphoto (STAMIK), Calgary, Alberta; **91.1** JupiterImages photos.com, Tucson, AZ; **91.2** Klett-Archiv (Foto-Geuther, Rötha), Stuttgart; **92.1** Ullstein Bild GmbH (Herrmann), Berlin; **92.2** iStockphoto (Stan Rohrer), Calgary, Alberta; **92.3** shutterstock (Adisa), New York, NY; **93.1** PantherMedia GmbH (James Steidl), München; **96.1** shutterstock (any_keen), New York, NY; **96.2** shutterstock (Mau Horng), New York, NY; **96.3** shutterstock (terekhov igor), New York, NY; **96.4** shutterstock (photo25th), New York, NY; **96.5** iStockphoto (mylcc75), Calgary, Alberta; **96.6** shutterstock (Tischenko Irina), New York, NY; **97.1** Okapia (Holger Stamme), Frankfurt; **97.2** iStockphoto (Evgeny Terentev), Calgary, Alberta; **100.1** Süddeutsche Zeitung Photo (Scherl), München; **100.2** Ullstein Bild GmbH, Berlin; **100.3** shutterstock (Zoom Team), New York, NY; **101.1** Imago Stock & People, Berlin; **101.2** Pixelio.de (Uwe Kunze), München; **102.1** Picture-Alliance, Frankfurt; **102.2** Klett-Archiv (Bunk), Stuttgart; **103.1** Argus (Peter Frischmuth), Hamburg; **104.1** Mauritius Images, Mittenwald; **104.2** Klett-Archiv (Michael Ludwig), Stuttgart; **104.3** Fotolia LLC (Janet Thorpe), New York; **104.4** Fotolia LLC (emer), New York; **105.1** iStockphoto (Gord Horne), Calgary, Alberta; **105.2** Fotolia LLC (Bernd Heinze), New York; **106.1** Imago Stock & People, Berlin; **106.2** Alamy Images RF (David Burton), Abingdon, Oxon; **107.1** Fotolia LLC (Martina Berg), New York; **107.2** iStockphoto (Derek Dammann), Calgary, Alberta; **108.1** iStockphoto (Greiner), Calgary, Alberta; **108.2** iStockphoto (Andrea Gingerich), Calgary, Alberta; **108.3** Corbis (Ted Soqui), Düsseldorf; **108.4** Klett-Archiv (Hirschmann, A., Tecklenburg), Stuttgart; **109.2** Fotolia LLC (Jordi Farres), New York; **109.3** Fotolia LLC (Heino Pattschull), New York; **109.4** shutterstock (Iv Nikolny), New York, NY; **109.5** JupiterImages photos.com, Tucson, AZ; **110.1** Imago Stock & People, Berlin; **110.2** Klett-Archiv (Felgner, J., Leipzig), Stuttgart; **111.1** StockFood GmbH (Jon Edwards), München; **113.1** Spielkartenfabrik Altenburg GmbH (Foto: Klett); **113.2** laif (Michael Lange), Köln; **114.1** Fotolia LLC (Andrzej Tokarski), New York; **115.1** shutterstock (Magdalena Bujak), New York, NY; **115.2** iStockphoto (Nancy Nehring), Calgary, Alberta; **115.3** Fotolia LLC (Petra Kohlstädt), New York; **116.1** laif (Keystone France), Köln; **116.2** NASA, Washington, D.C.; **116.3** NASA, Washington, D.C.; **116.4** FOCUS (SPL), Hamburg; **116.5** Fotolia LLC (Ericus), New York; **116.6** NASA, Washington, D.C.; **116.7** NASA, Washington, D.C.; **118.1** RAL, Sankt Augustin; **119.1** iStockphoto (Les Cunliffe), Calgary, Alberta; **119.2** WWF Deutschland e.V., Frankfurt; **120.1** Klett-Archiv (Günther Fotodesign, Leipzig), Stuttgart; **120.2** Fotosearch Stock Photography (Digital Vision), Waukesha, WI; **120.3** Okapia (Thierry Montford), Frankfurt; **120.4** Fotolia LLC (AndreasEdelmann), New York;